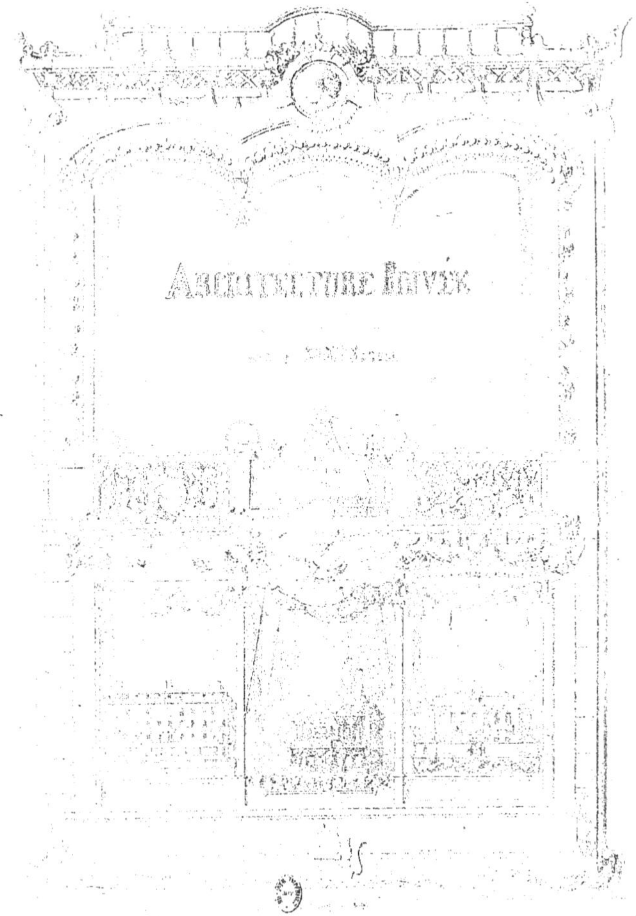
ARCHITECTURE PRIVÉE

L'ARCHITECTURE PRIVÉE

AU XIXME SIÈCLE

SOUS NAPOLÉON III

NOUVELLES MAISONS DE PARIS ET DES ENVIRONS

PAR

M. CÉSAR DALY

ARCHITECTE DU GOUVERNEMENT

Directeur-fondateur de la *Revue générale de l'Architecture et des Travaux publics*,

MEMBRE HONORAIRE ET CORRESPONDANT DE L'ACADÉMIE ROYALE DES BEAUX-ARTS DE STOCKHOLM, DE L'INSTITUT ROYAL DES ARCHITECTES BRITANNIQUES, DE LA SOCIÉTÉ DES BEAUX ARTS D'ATHÈNES, DE L'ACADÉMIE IMPÉRIALE DE SAINT-PÉTERSBOURG, DE LA COMMISSION DES SAVANTS DU MUSÉUM GERMANIQUE, DE LA SOCIÉTÉ POUR LA PROPAGATION DE L'ARCHITECTURE D'AMSTERDAM, DE LA SOCIÉTÉ DE GÉOGRAPHIE DE PARIS, ETC., ETC.

Premières Médailles pour ses publications aux Expositions universelles de Paris (1855) et de Londres (1862).

OUVRAGE DÉDIÉ

A M. LE BARON HAUSSMANN, SÉNATEUR, PRÉFET DE LA SEINE

GRAND-CROIX DE L'ORDRE IMPÉRIAL DE LA LÉGION D'HONNEUR

TOME TROISIÈME (SECOND VOLUME). — VILLAS SUBURBAINES

PARIS

SE VEND CHEZ A. MOREL ET CIE, LIBRAIRES-ÉDITEURS

13, RUE BONAPARTE, 13

1864

TABLE

DES

PLANCHES DU TOME TROISIÈME

(SECOND VOLUME)

(Voir page 31 du Tome premier la Note explicative de la Méthode adoptée pour la Classification des Planches.)

VILLAS SUBURBAINES

PREMIÈRE CLASSE

Exemple A^1, à Saint-Maur (Seine), par M. MANGUIN, archte.

- Pl. 1. Plan général de la propriété.
- 2. Élévations générales sur la cour d'honneur et sur la rue.
- 3. Plans du rez-de-chaussée.
- 4. Id. des étages.
- 5. Menuiseries de la porte principale.
- 6. Élévation. Côté du jardin.
- 7. Entrée du côté du jardin.
- 8. Menuiseries de la porte. Côté du jardin.
- 9. Croisées du milieu, 1er étage, et grande lucarne. Côté du jardin.
- 10. Croisées des côtés et petites lucarnes. Côté du jardin.
- 11. Tourelles d'angle. Côté du jardin.
- 12. Coupe générale.

Exemple B^1, à Pierrefonds (Oise), par M. VIOLLET-LE-DUC, archte.

- Pl. 1. Élévation principale.
- 2. Plans.
- 3. Élévation postérieure.
- 4. Coupe générale.

Exemple C^1, à Jouy-en-Josas (Seine-et-Oise), par M. PETIT, archte.

- Pl. 1. Vue perspective de la villa.
- 2. Plans du rez-de-chaussée et du 1er étage.
- 3. Id. des 2e et 3e étages.
- 4. Coupe générale.
- 5. Dépendances.

Exemple D^1, à Saint-Cloud (Seine-et-Oise), par M. AZEMAR, archte.

- Pl. 1. Élévation principale.
- 2. Plan général de la propriété.
- 3. Plans du sous sol et du rez-de-chaussée.
- 4. Id. des étages.
- 5. Façade latérale et coupe transversale.
- 6. Lucarnes.
- 7. Salle de billard. Plans, élévations et coupe.
- 8. Id. Détails.
- 9. Pavillon de repos. Élévation.
- 10. Id. Coupe générale et plans.
- 11. Loge du jardinier. Élévation et plans.
- 12. Dépendances. Id.
- 13. Id. Détails.
- 14. Volière. Plan, élévation et détails.
- 15. Grilles de clôture de la propriété.

PARALLÈLE DE PLANS de Villas de PREMIÈRE CLASSE (une planche double).

DEUXIÈME CLASSE

Exemple A^2, Avenue de l'Impératrice, par M. SALMON, archte.

- Pl. 1. Élévation principale.
- 2. Plans.
- 3. Coupe générale.

Exemple B^2, Avenue de l'Impératrice, par M. PIGNY, architecte.

- Pl. 1. Élévation principale et détails.
- 2. Plans du rez-de-chaussée et du 1er étage.
- 3. Id. du sous-sol et des combles.
- 4. Détails de la façade principale. Lucarnes jumelles.
- 5. Élévation latérale.
- 6. Coupe générale.
- 7. Plan et détails d'aménagement de la salle à manger.

Exemple C^2, Avenue de l'Impératrice, par M. HERMANT, architecte.

- Pl. 1. Élévation principale.
- 2. Plans.
- 3. Détails de la façade.

Exemple D^2, à Neuilly (Seine), par M. HUE, archte.

- Pl. 1. Élévation sur le boulevard d'Argenson.
- 2. Plan général de la propriété et plan du sous sol.
- 3. Plans du rez-de-chaussée et du 1er étage.
- 4. Détails de la façade sur le boulevard.
- 5. Élévation sur le jardin.
- 6. Coupe générale.
- 7. Dépendances.

Exemple E^2, à Villepinte (Seine-et-Oise), par M. BIGLE, archte.

- Pl. 1. Élévation principale.
- 2. Plans.
- 3. Coupe générale.

Exemple F^2, à Neuilly (Seine), par M. RAMUS, architecte.

- Pl. 1. Élévation principale.
- 2. Plans.

Exemple G^2, à Villers-Cotterets (Aisne), par M. BROUTY, architecte.

- Pl. 1. Élévation principale.
- 2. Plans.

PARALLÈLE DE PLANS de Villas de DEUXIÈME CLASSE (une planche double).

TROISIÈME CLASSE

Exemple A^3, r. de la Pompe, à Passy, par M. AZEMAR, architecte.

- Pl. 1. Plans et élévations générales d'un groupe de villas formant une cité suburbaine.
- 2. Plans et élévations des villas d'angle.
- 3. Élévations des villas centrales et des villas intermédiaires.
- 4. Plans de ces villas.
- 5. Clôture des parterres sur la rue. (Ensemble et détails.)

Exemple B^3, à La Varenne-Saint-Maur, par M. TRONQUOIS, architecte.

- Pl. 1. Élévation et plans.

Exemple C^3, r. de la Pompe, à Passy, par M. HAQUETTE, architecte.

- Pl. 1. Élévation principale et plans.
- 2. Détails de la façade.

Exemple D^3, à Neuilly (Seine), par M. HERMANT, architecte.

- Pl. 1. Élévation principale.
- 2. Plans.
- 3. Élévation postérieure.

PARALLÈLE DE PLANS de Villas de TROISIÈME CLASSE (une planche double).

LEGENDE

VILLA SUBURBAINE

Première Classe ... à St Maur ... Plan Général de la Propriété

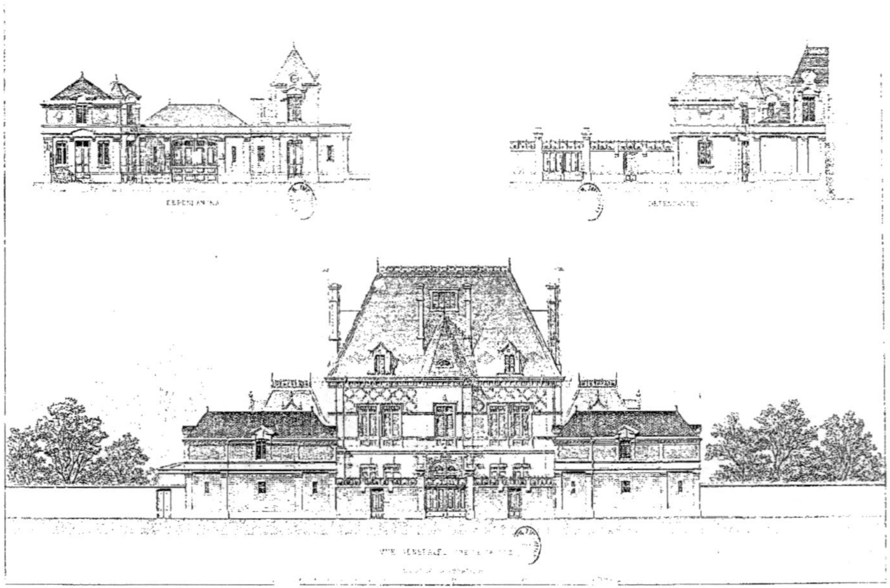

ARCHITECTURE PRIVÉE AU XIXme SIÈCLE
SOUS NAPOLÉON III
Volume 2.

M. CÉSAR DALY

DES ENVIRONS DE PARIS
Exemple A. Pl. 2

VILLA SUBURBAINE

Architecture privée au XIXme siècle sous Napoléon III — Volume 2.

Publiés par Mr César Daly

Nouvelles Maisons des environs de Paris — Exemple A. Pl. 3.

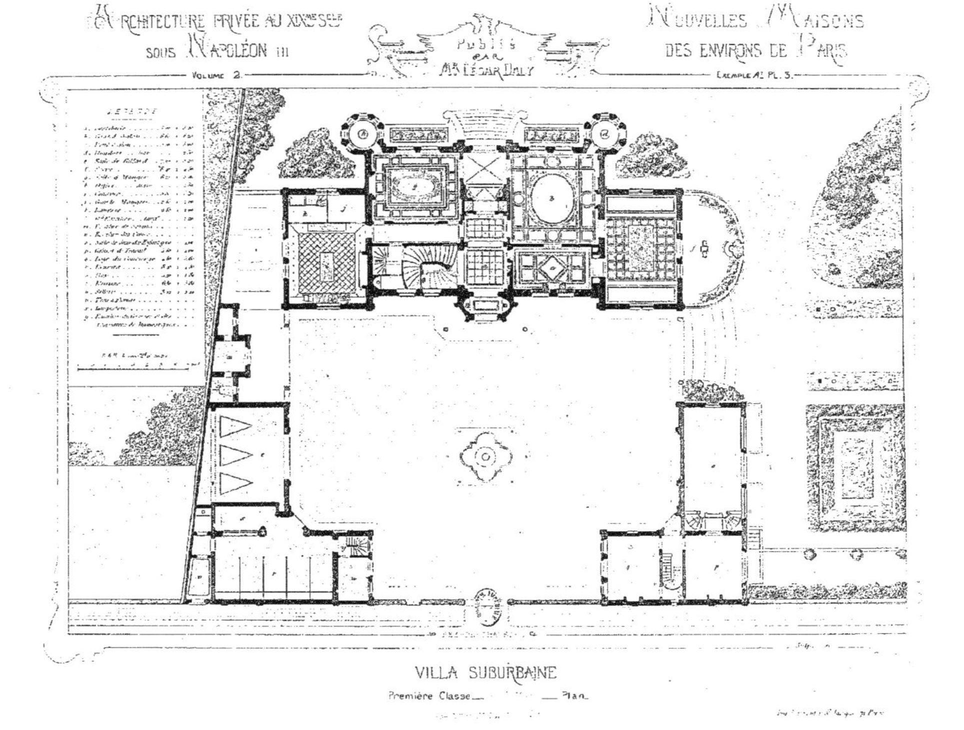

VILLA SUBURBAINE

Première Classe — Plan

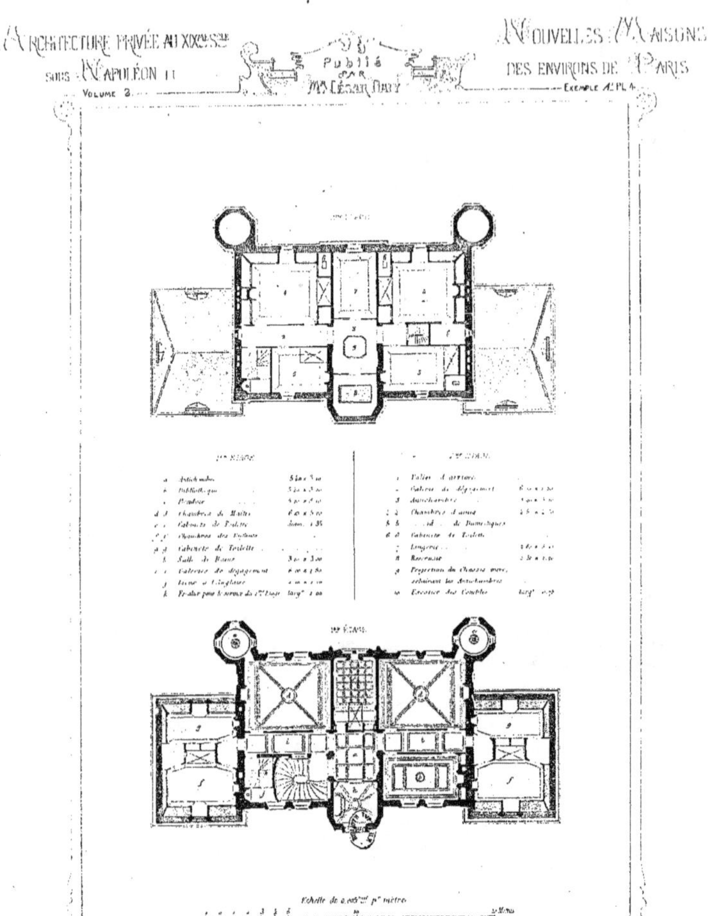

VILLA SUBURBAINE

Première Classe — à St Maur — Plans.

par Mr P. MANGUIN archte

VILLA SUBURBAINE.

Première Classe — Menuiserie de la Porte princip^{le}

ARCHITECTURE PRIVÉE AU XIXme SIÈCLE
SOUS NAPOLÉON III
Volume 2

Exemple 42 Pl. 6

VILLA SUBURBAINE

ARCHITECTURE PRIVÉE AU XIXème SIÈCLE SOUS NAPOLÉON III — Publié par Mr CÉSAR DALY — NOUVELLES MAISONS DES ENVIRONS DE PARIS

VOLUME 2e — EXEMPLE A. PL. 2

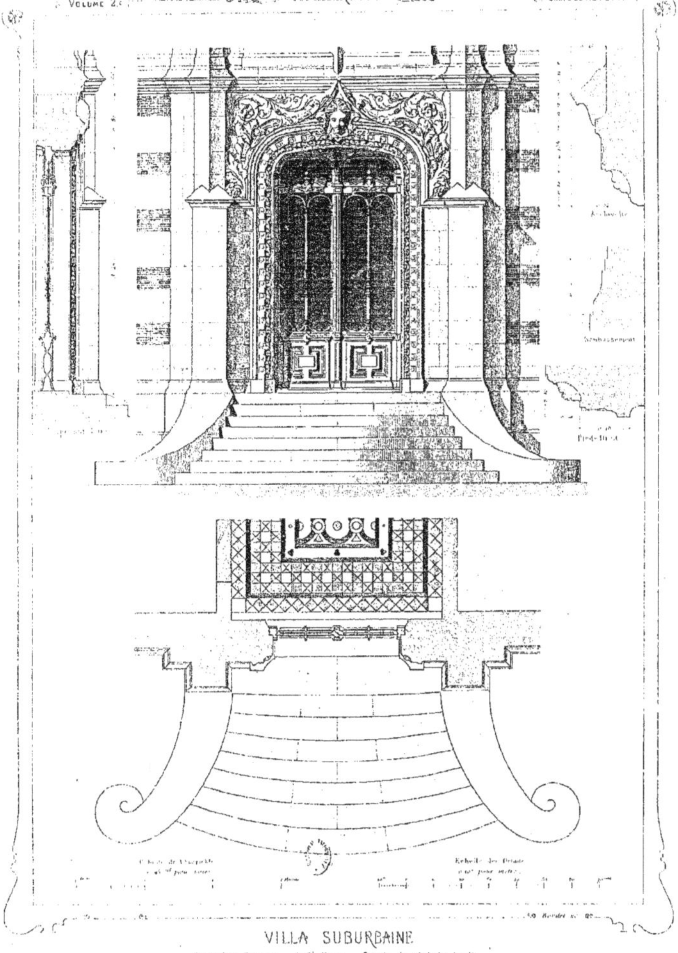

VILLA SUBURBAINE

Première Classe — à St Maur — Entrée du côté du Jardin

par Mr MANGUIN, archte

Imp. A. Salmon, r. Vieille Estrapade 15 Paris

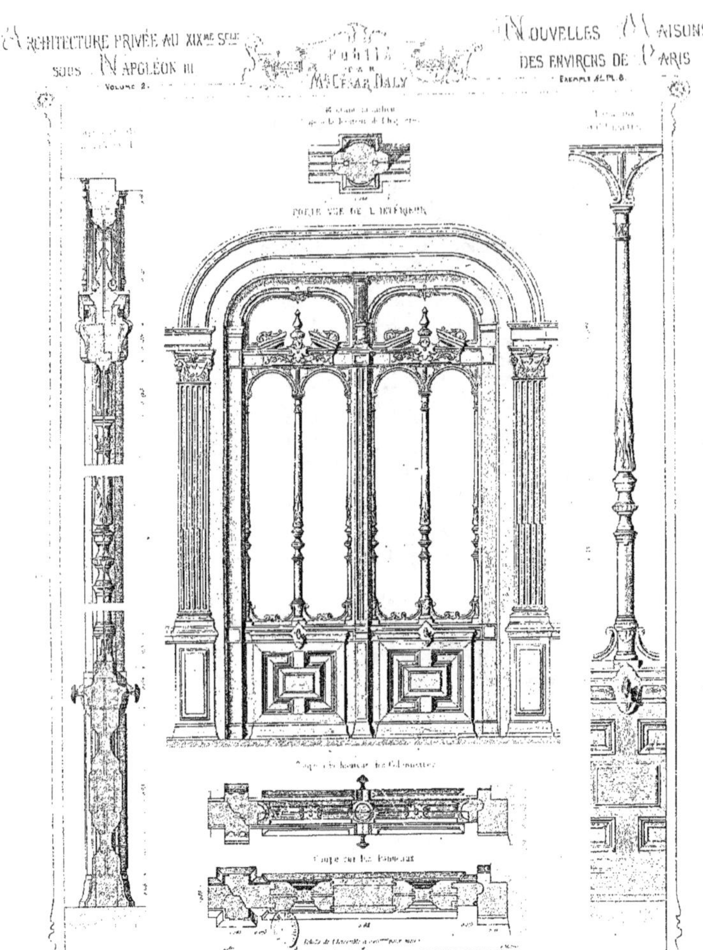

VILLA SUBURBAINE

Première Classe ... Maison . Détails de la Façade (Côté du Jardin)

M. MANGUIN, Archte

VILLA SUBURBAINE

Détails de la Façade

VILLA SUBURBAINE

Première Classe — à St Maur — Détails de la Façade — (Côté du Jardin).

par Mr MANGUIN Archte

Architecture privée au XIXme Siècle sous Napoléon III

Volume 2

Publié par Mr César Daly

Nouvelles Maisons des environs de Paris

Exemple 4e Pl. 11

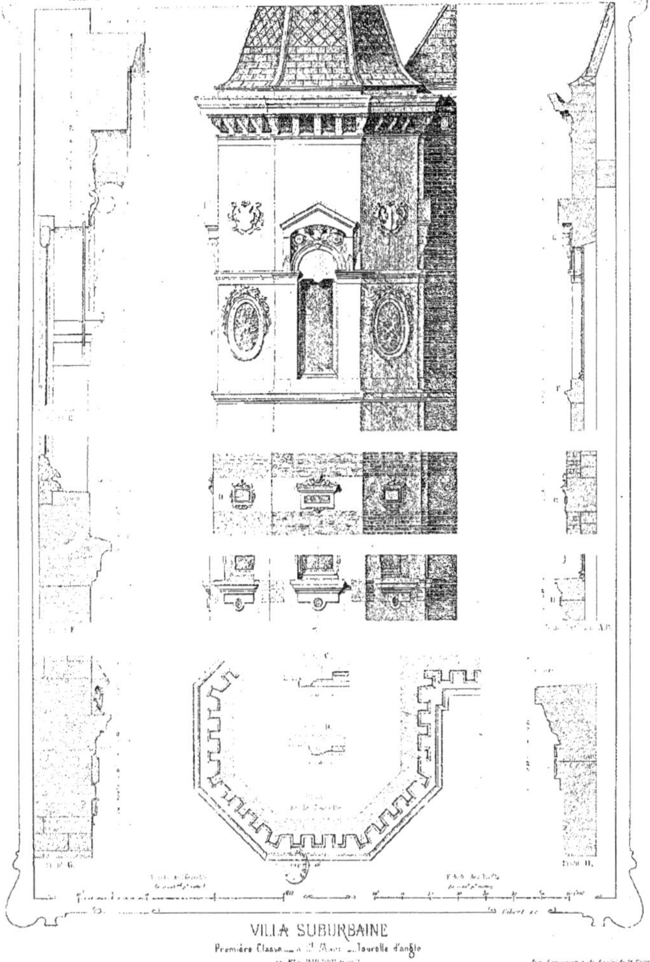

VILLA SUBURBAINE

Première Classe — à St Maur — Tourelle d'angle

Imp. Lemercier & Cie

Architecture privée au XIXe siècle
sous Napoléon III

Volume 2

des environs de Paris

Exemple A. Pl. 12

VILLA SUBURBAINE

Première Classe

Architecture privée au XIXme Sècle
sous Napoléon III
Volume 2

Publiée par M. César Daly

Nouvelles Maisons
Les environs de Paris
Exemple 82 Pl. 1

VILLA SUBURBAINE

Première Classe … Élévation principale

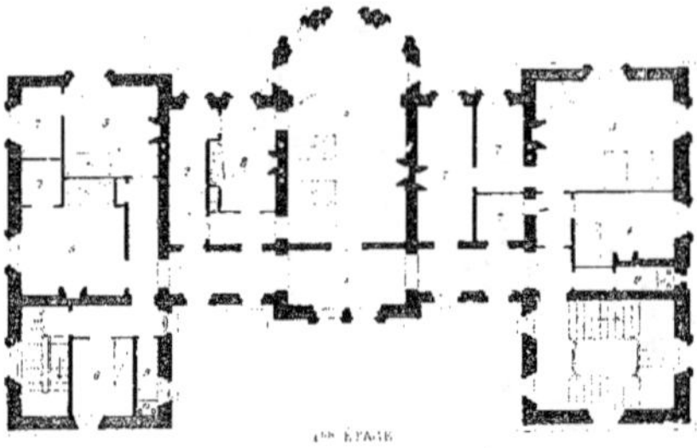

1er ÉTAGE

REZ-DE-CHAUSSÉE

a. Perron (cot. de la face d'entrée)
b. Vestibule
c. Grand Salon
d. Petit Salon
e. Salle de Billard
f. Bibliothèque
g. Salle à Manger
h. Office
i. Grand Escalier
j. Escalier de Service

PREMIER ÉTAGE

1. Galerie de Dégagement
2. Chambre à 2 Lits
3. Chambre des Enfants
4. Chambre de l'Institutrice
5. 5. Chambres d'Amis
6. Chambre de Domestique
7. 7. Cabinets de Toilette
8. Salle de Bains
9. Lieux à l'Anglaise

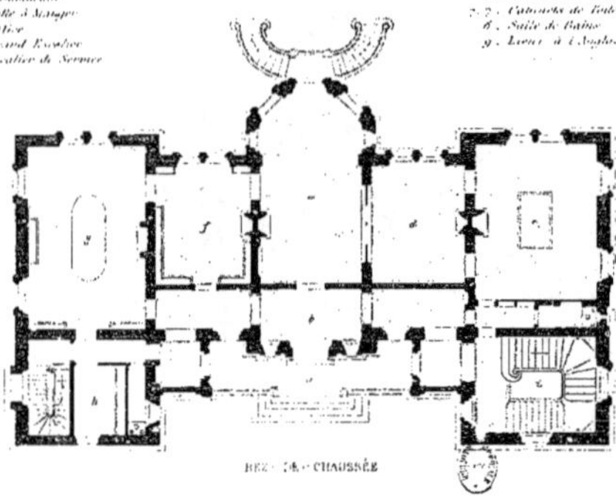

REZ-DE-CHAUSSÉE

Échelle de 0,005 mill. p. mètre

1 2 3 4 5 10 15 20 Mètres

A. Guédet del. et sc.

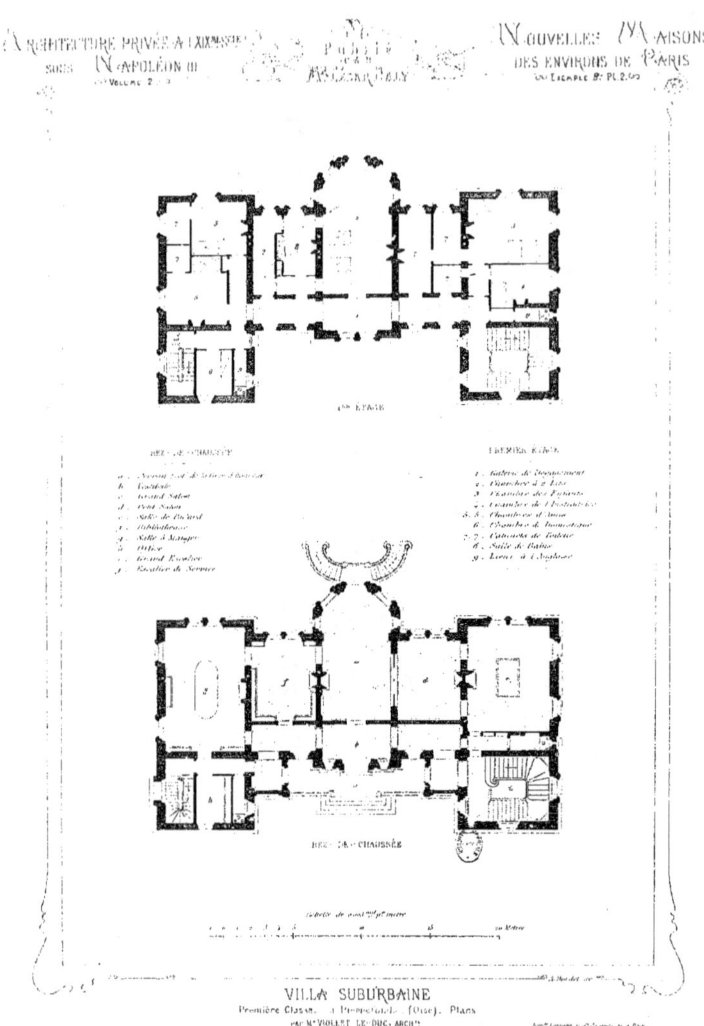

VILLA SUBURBAINE

Première Classe, à Pierrefonds (Oise). Plans

par M. VIOLLET-LE-DUC, Archte

Impr. Lemercier et Cie

ARCHITECTURE PRIVÉE AU XIXme SIÈCLE
SOUS NAPOLÉON III
Volume 2

Publié par Mr César Daly

NOUVELLES MAISONS
DES ENVIRONS DE PARIS
Exemple 8e Pl. 3

VILLA SUBURBAINE

Première Classe — Élévation postérieure.

Architecture privée au XIXme Sle sous Napoléon III

Volume 2.

Publiée par Mr César Daly

Nouvelles Maisons des environs de Paris

Exemple 82. Pl. 4.

VILLA SUBURBAINE

Volume 2

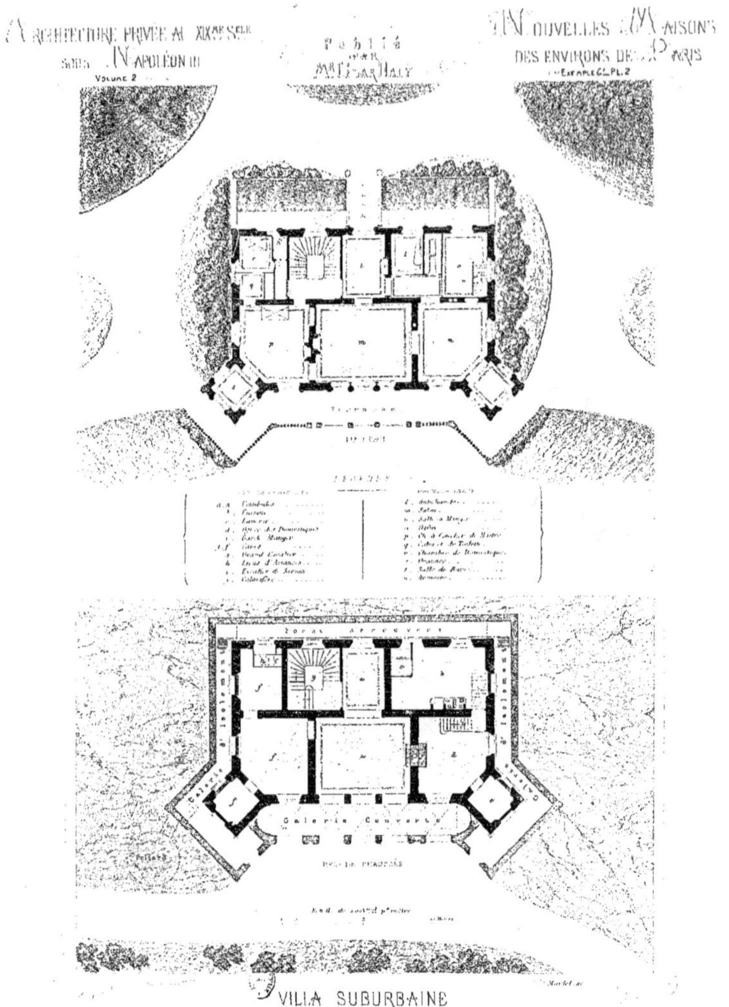

VILLA SUBURBAINE

Première Classe — à Jouy en Josas — Plans.

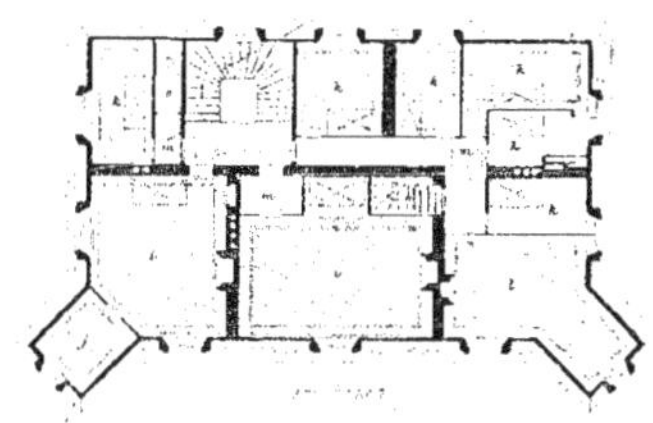

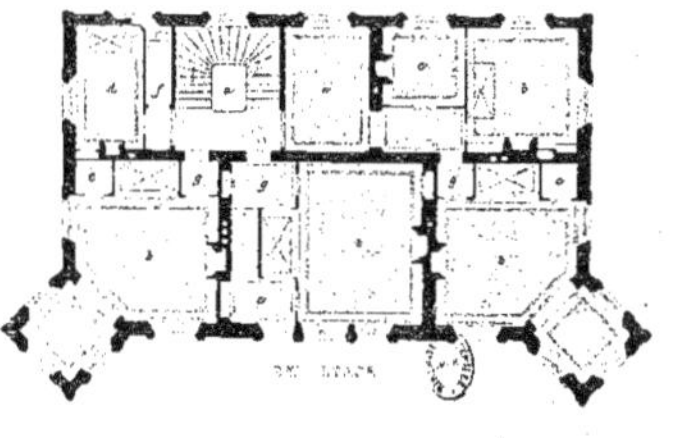

VILLA SUBURBAINE

Première Classe — à Jouy en Josas — Plans.

PAR Mr D. PETIT, ARCHte

Architecture privée au XIXme siècle sous Napoléon III — Volume 2

Publié par Augustin César Daly

Nouvelles Maisons des environs de Paris

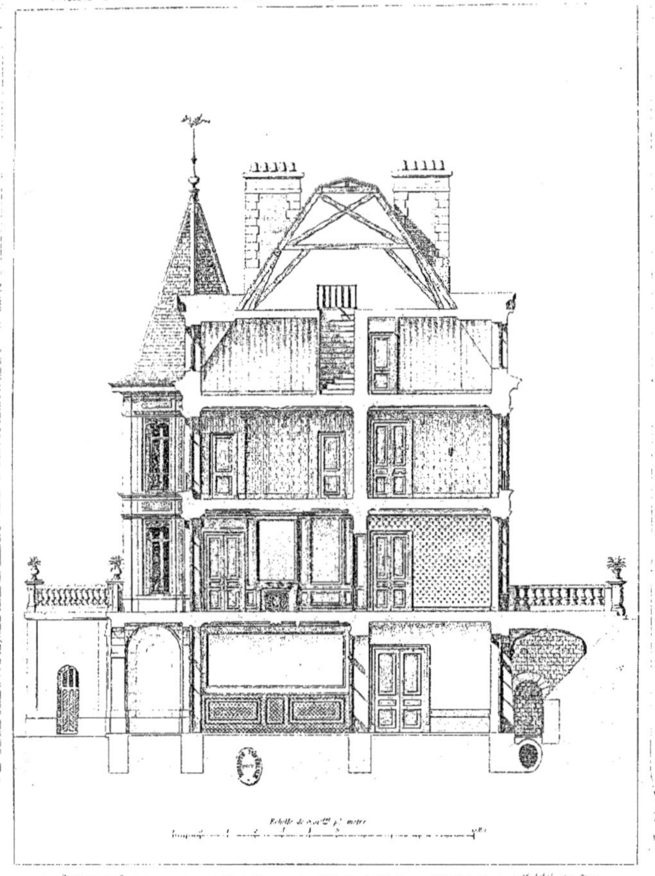

VILLA SUBURBAINE

Première Classe ... Coupe

Architecture privée au XIXme siècle sous Napoléon III

Volume 2

Nouvelles Maisons des environs de Paris

Exemple Cl. Pl. 5.

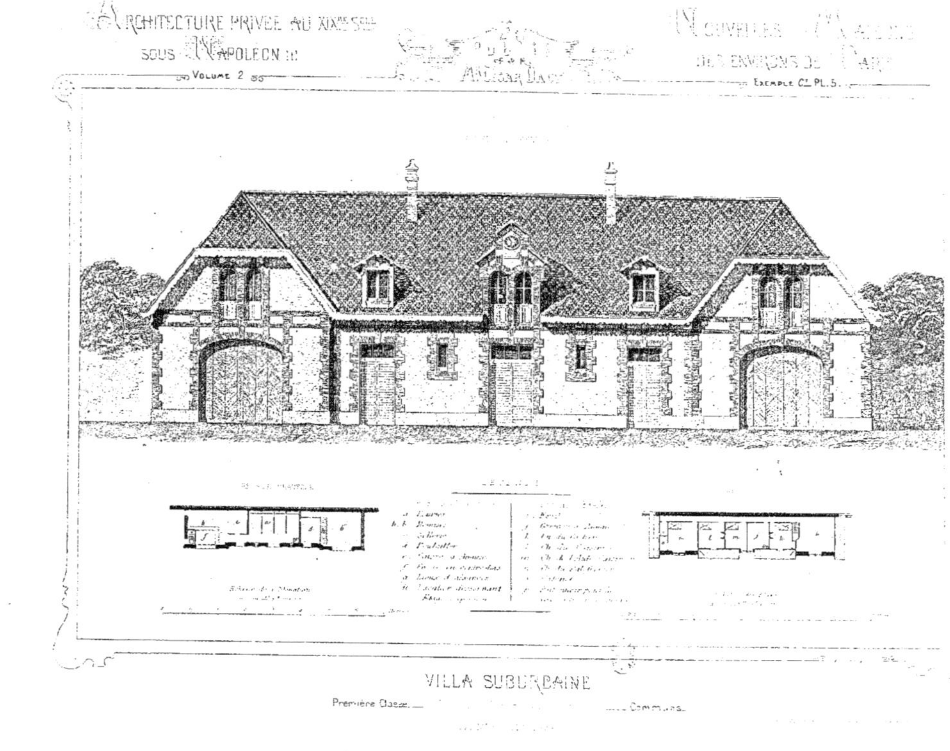

VILLA SUBURBAINE

Première Classe. — Communs.

L'ARCHITECTURE PRIVÉE AU XIXE SIÈCLE
SOUS NAPOLÉON III

Volume 2

Par César Daly

Exemple D^r Pl. 1

VILLA SUBURBAINE

Première Classe — Élévation principale

...RCHITECTURE PRIVÉE AU XIX SIÈCLE
SOUS NAPOLÉON III
Volume 2.

Échelle ... Pl. 2

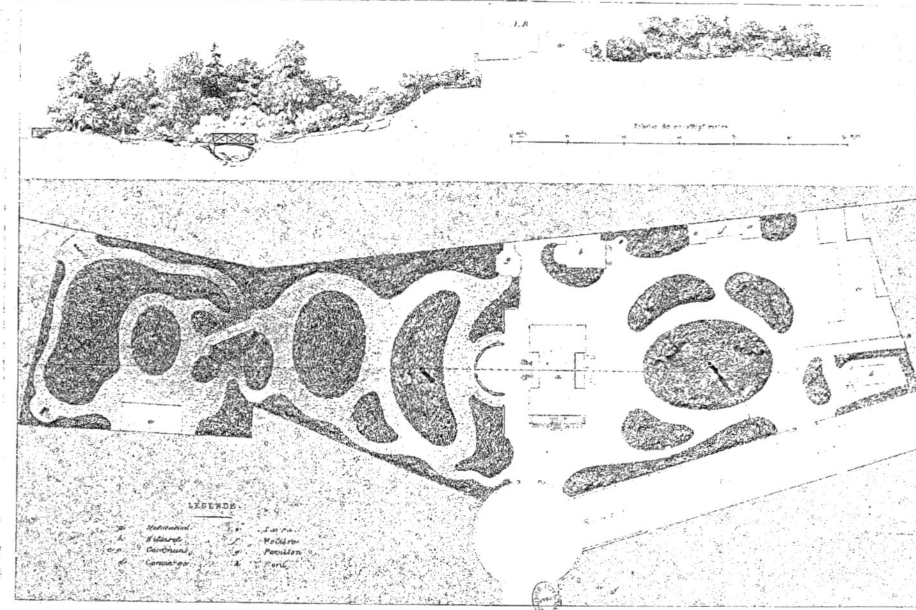

VILLA ...

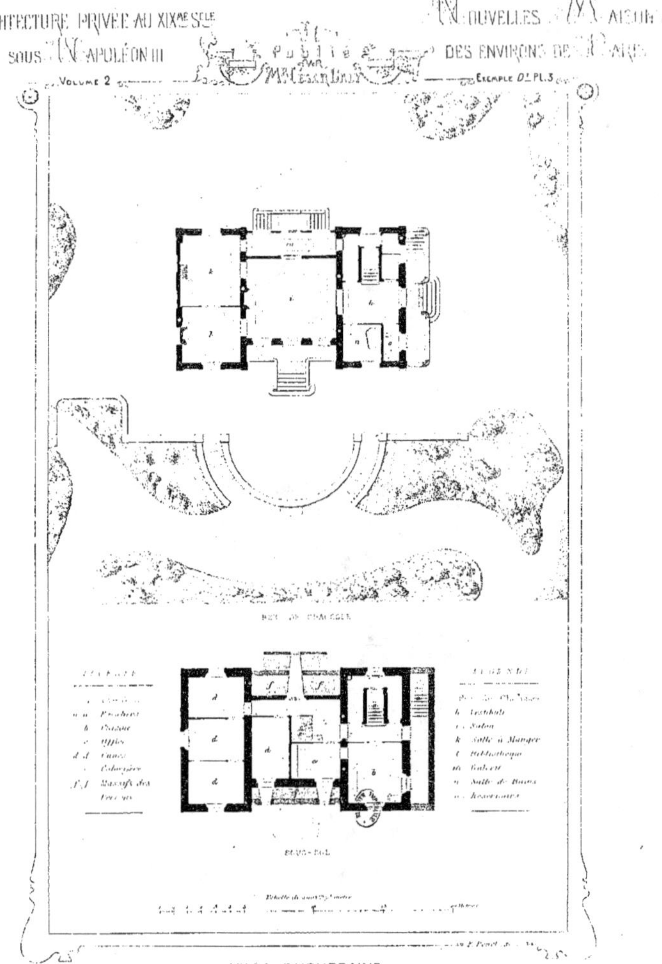

VILLA SUBURBAINE

Première Classe — à St Cloud — Plans —

PAR Mr AZEMAR ARCHTE

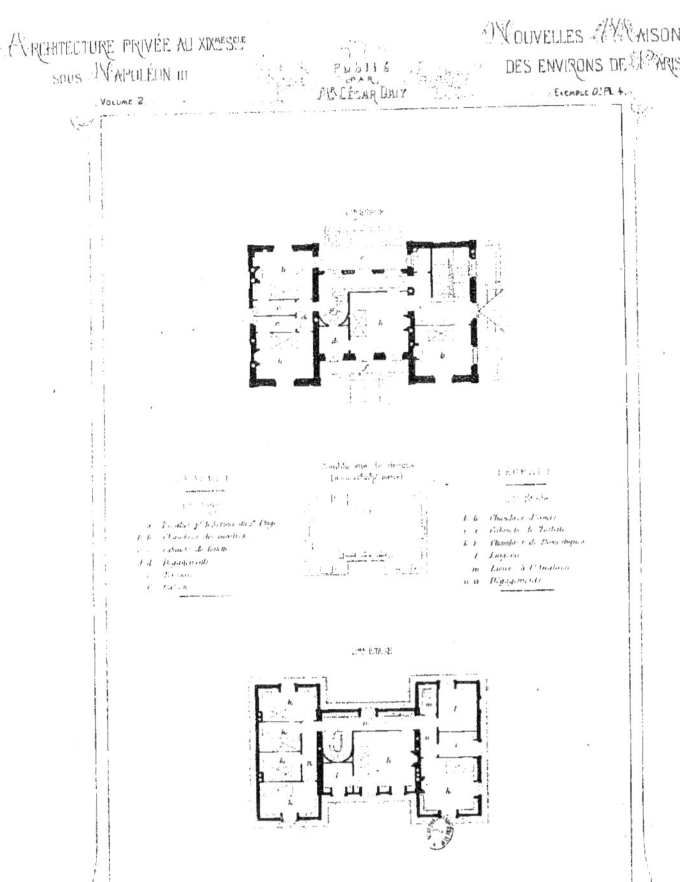

VILLA SUBURBAINE

Première Classe — à St Cloud — Plans

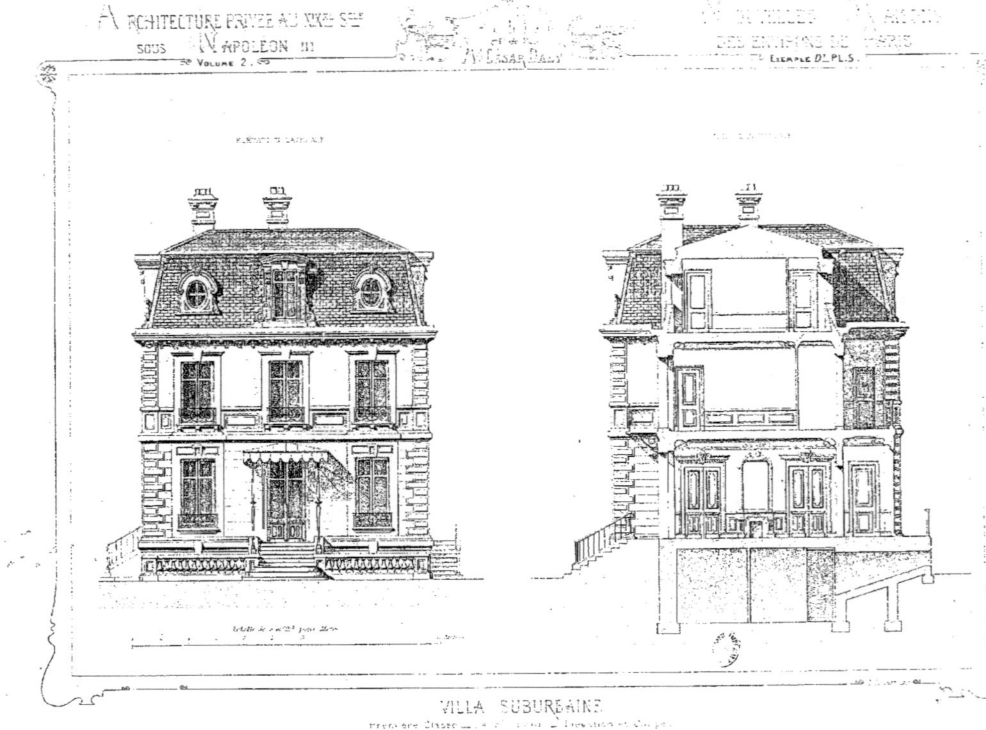

VILLA SUBURBAINE

VILLA SUBURBAINE

Première Classe ... Détails de la Façade

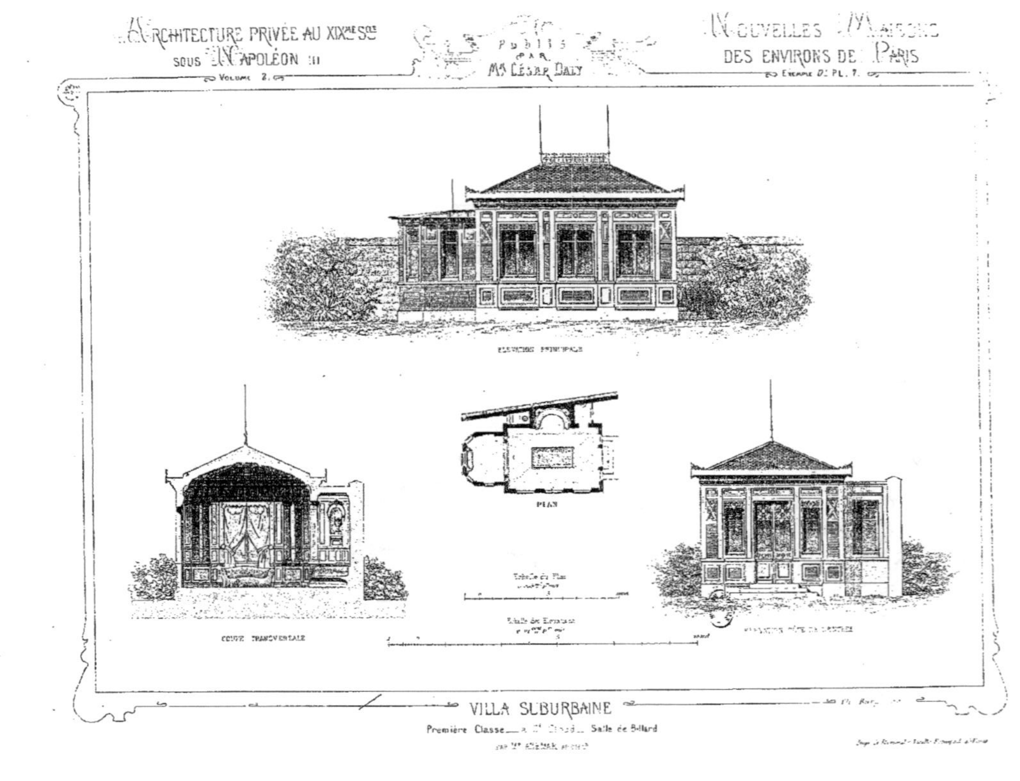
L'ARCHITECTURE PRIVÉE AU XIXme SIÈCLE
SOUS NAPOLÉON III
VOLUME 2.
PUBLIÉE PAR Mr CÉSAR DALY
NOUVELLES MAISONS
DES ENVIRONS DE PARIS
PLAN
COUPE TRANSVERSALE
VILLA SUBURBAINE
Première Classe — Salle de Billard

VILLA SUBURBAINE

Première Classe — [illegible] — Détails de la Salle de Billard

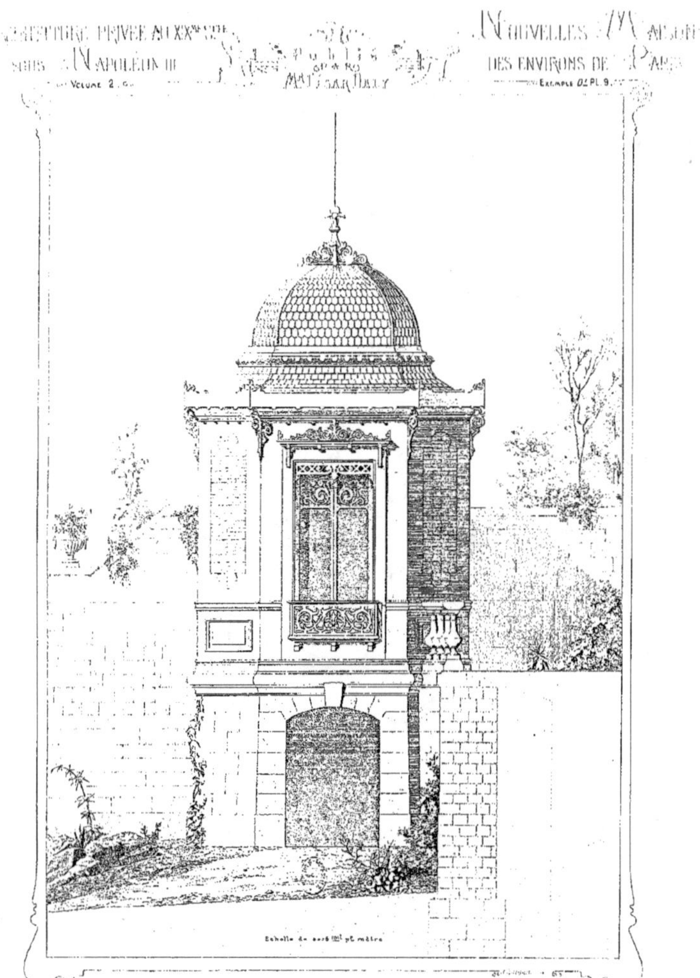

VILLA SUBURBAINE

Première Classe... à St Cloud... Pavillon de Repos

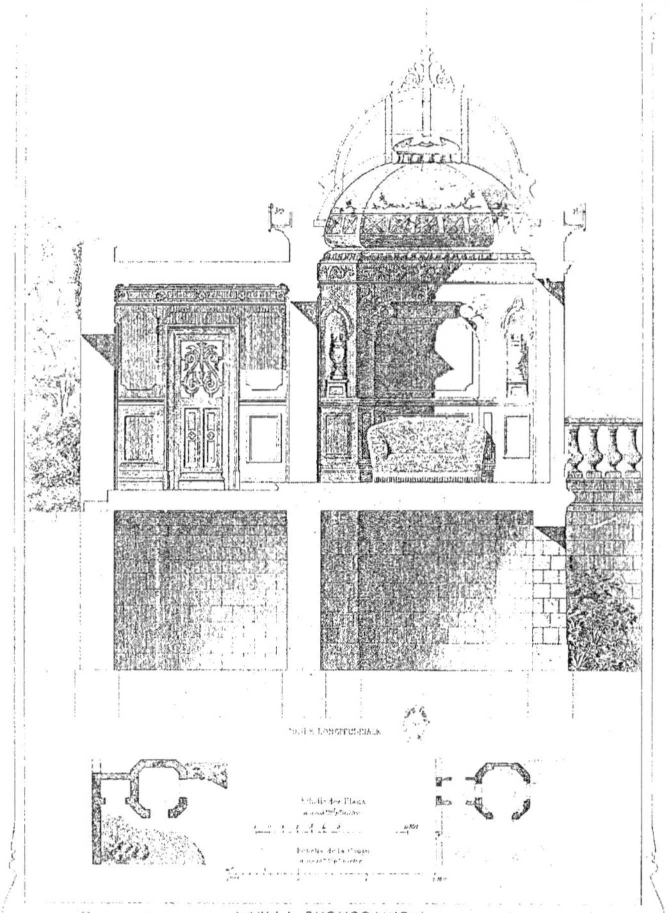

Architecture privée au XIXme siècle sous Napoléon III
Volume 2

Publiée par Mr César Daly

Nouvelles Maisons des environs de Paris
1er Exemple. 2e Pl. 10.

Échelle des Plans

Échelle de la Coupe

VILLA SUBURBAINE

Première Classe — Pavillon de Repos

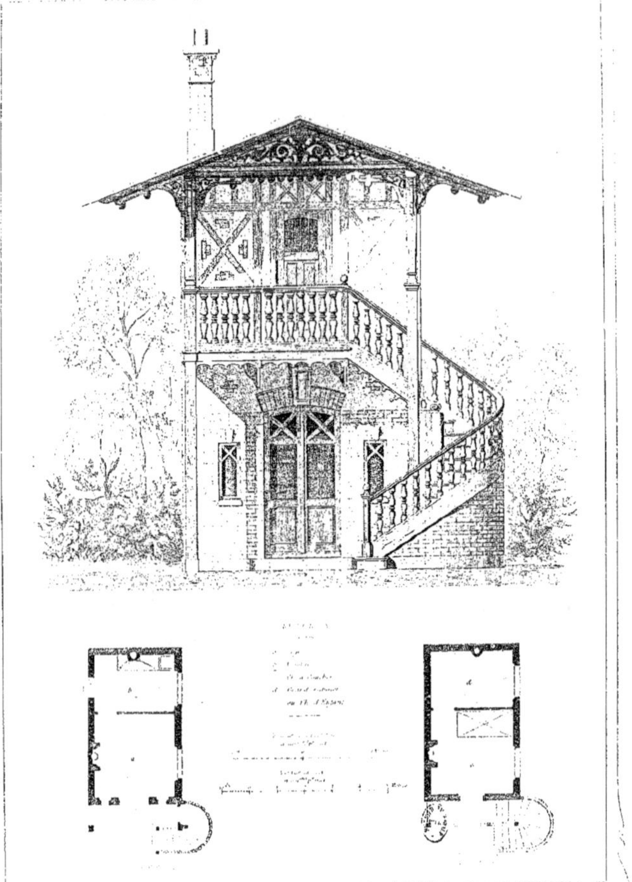

VILLA SUBURBAINE

Première Classe — Loge du Jardinier Concierge

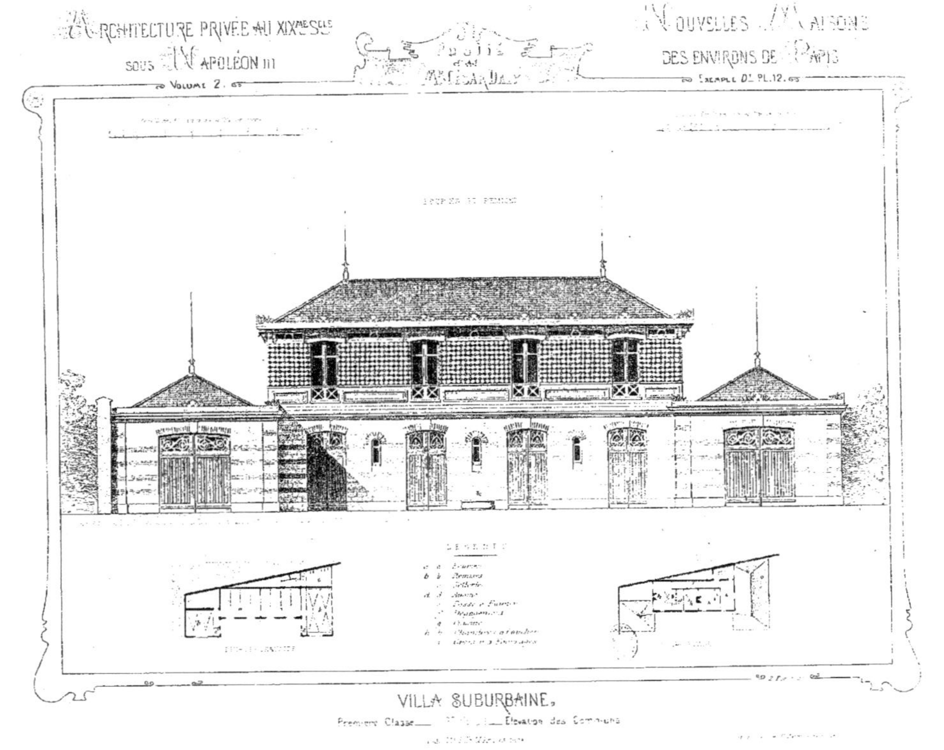
ARCHITECTURE PRIVÉE AU XIXme SIÈCLE
SOUS NAPOLÉON III
VOLUME 2.
NOUVELLES MAISONS
DES ENVIRONS DE PARIS
EXEMPLE D. PL. 12.
PUBLIÉE PAR M. CÉSAR DALY
b b Remises
VILLA SUBURBAINE.
Première Classe
Élévation des Communs

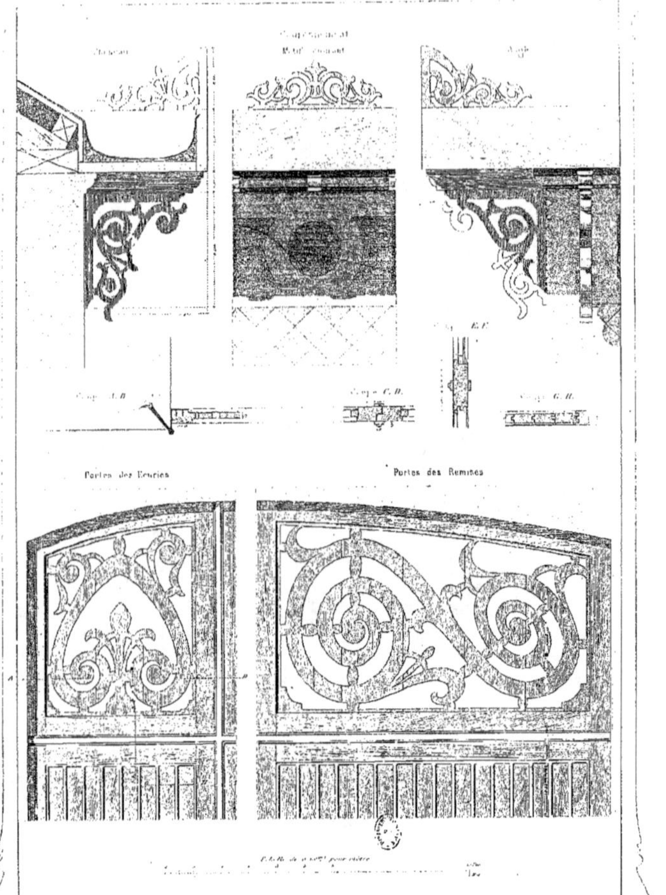

VILLA SUBURBAINE

Première Classe — à St Cloud — Détails des Communs

PAR Mr AZEMAR, ARCHte

Architecture privée au XIXme siècle sous Napoléon III — Publiée par Mr César Daly — [illegible] Maisons [illegible] de Paris

Volume 2 — Exemple Dr Pl. 14

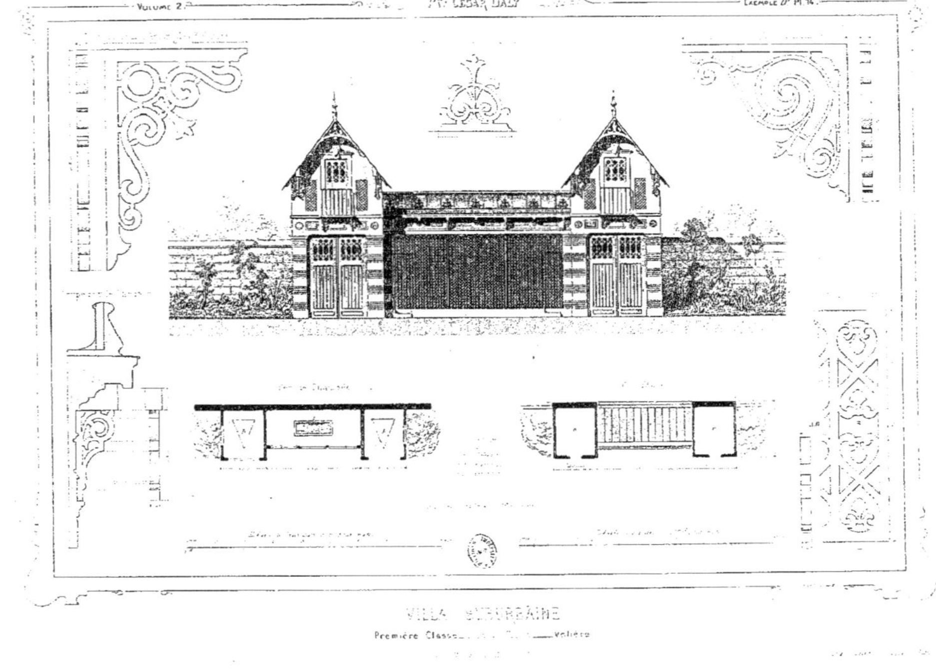

Villa suburbaine

Première Classe [illegible] Volière

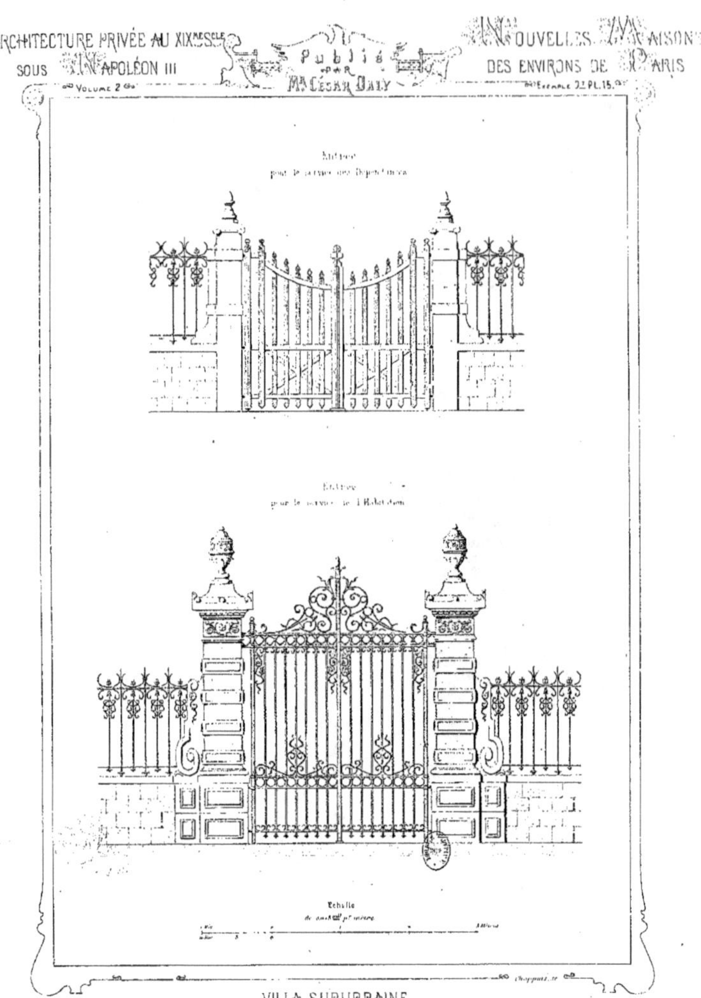

VILLA SUBURBAINE,

Première Classe — à St Cloud — Murs de Clôture et Portes

MR AZEMAR, ARCHTE

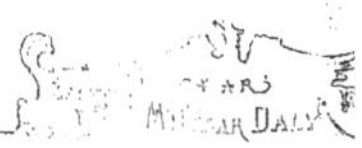

ARCHITECTURE PRIVÉE AU XIXme Sle. — SOUS NAPOLÉON III

A BLOIS (LOIR-ET-CHER)

A COLOMBES (SEINE)

ENVIRONS DE MARSEILLE (BOUCHES-DU-RHÔNE)

A SILLERY (SEINE-ET-OISE)

LE PLESSIS-STE AVOYE — (SEINE-ET-MARNE)

LÉGENDE

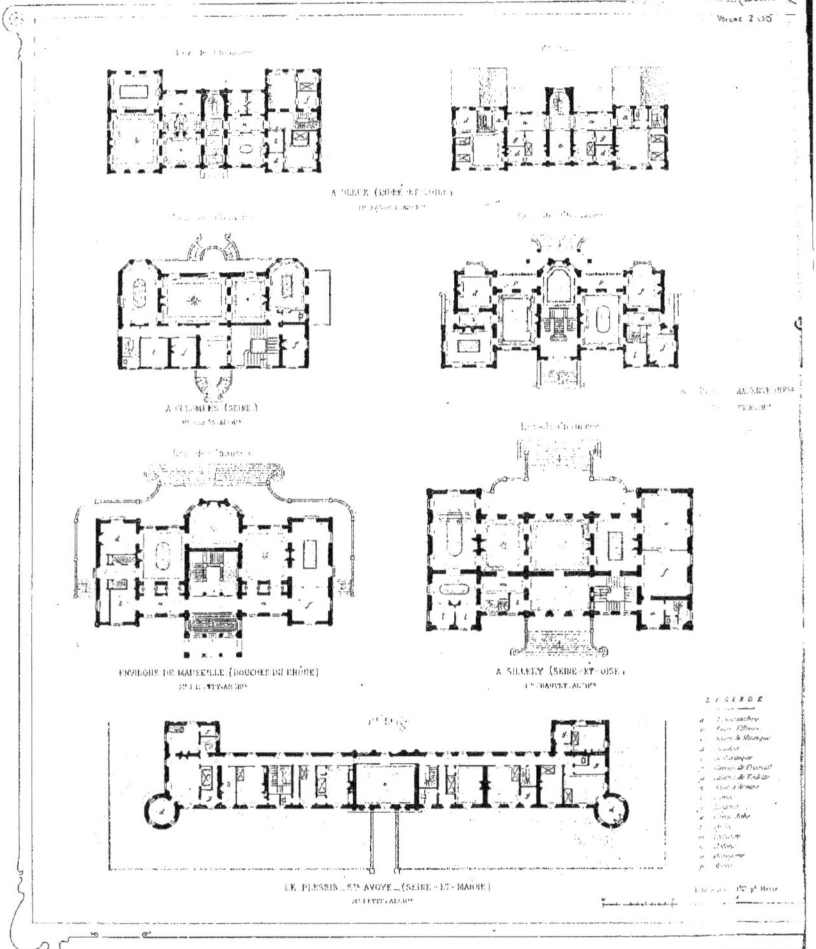

VILLAS SUBURBAIN

Première Classe. Parallèle de

PAR M. César Daly

NOUVELLES MAISONS DES ENVIRONS DE PARIS

Rez-de-Chaussée

A CHANTELAUX (LE MANS, INDRE-ET-LOIRE)

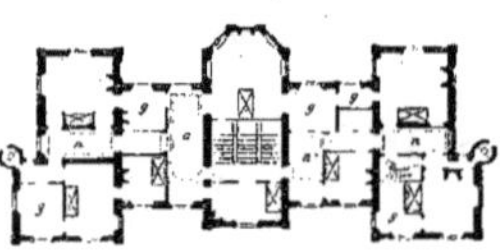

Rez-de-Chaussée

A CLINCHEVEAUX (HAUTE-MARNE)

Rez-de-Chaussée

A GRISY (SEINE-ET-OISE)

Rez-de-Chaussée

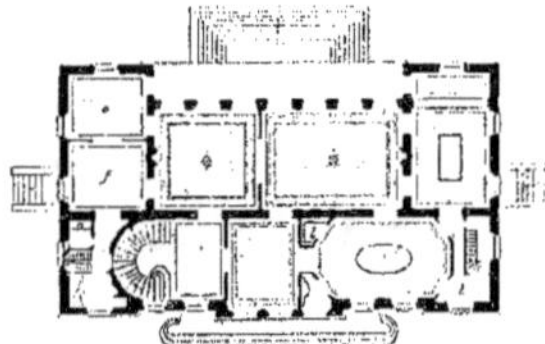

A CORBEIL (SEINE-ET-OISE)

LÉGENDE

a Antichambre
b Salon d'hiver
c Salon de Musique
d Boudoir
e Bibliothèque
f Cabinet de travail
g Cabinet de toilette
h Salle à manger
i Fumoir
j Lingerie
k Garde-Robe
l Office
m Vestiaire
n Galerie
o Orangerie
p Serre

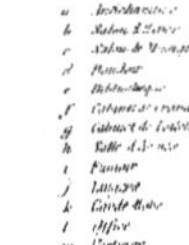

Rez-de-Chaussée

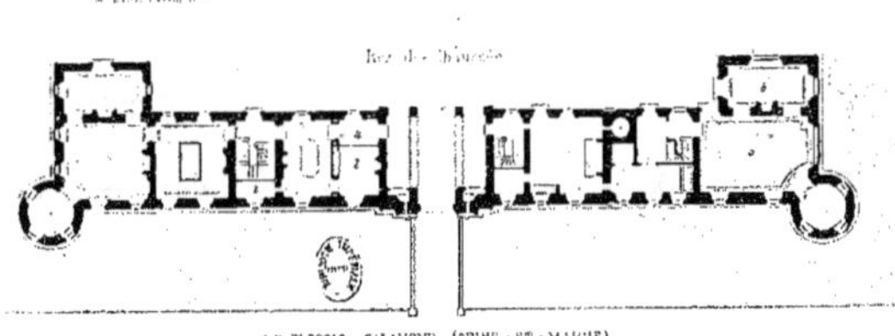

LE PLESSIS STE AVOYE (SEINE-ET-MARNE)

VILLAS SUBURBAINES

Première Classe — Parallèle de Plans.

Volume 2

Exemple N° PL. 1

VILLA SUBURBAINE

ARCHITECTURE PRIVÉE AU XIXE SCLE
SOUS NAPOLÉON III
VOLUME 2

Publié par M. César Daly

NOUVELLES MAISONS
DES ENVIRONS DE PARIS
EXEMPLE Aᴱ PL. 2

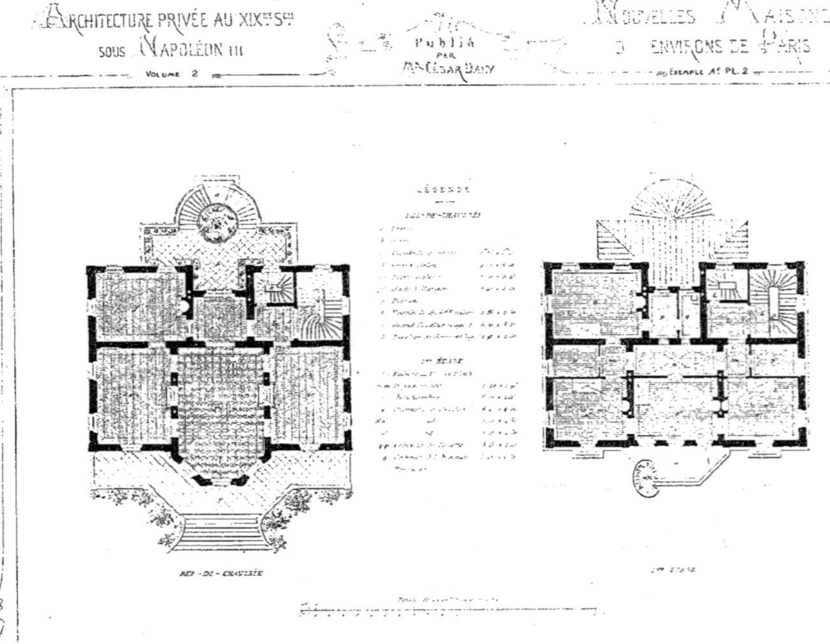

VILLA SUBURBAINE

Deuxième Classe — Avenue de l'Impératrice — Plans.

L'Architecture privée au XIXme Siècle
sous Napoléon III
Volume 2.

Nouvelles Maisons
des environs de Paris
Exemple 12 PL 3

VILLA SUBURBAINE
Deuxième Classe _ Coupe

VILLA SUBURBAINE.

Façade Principale

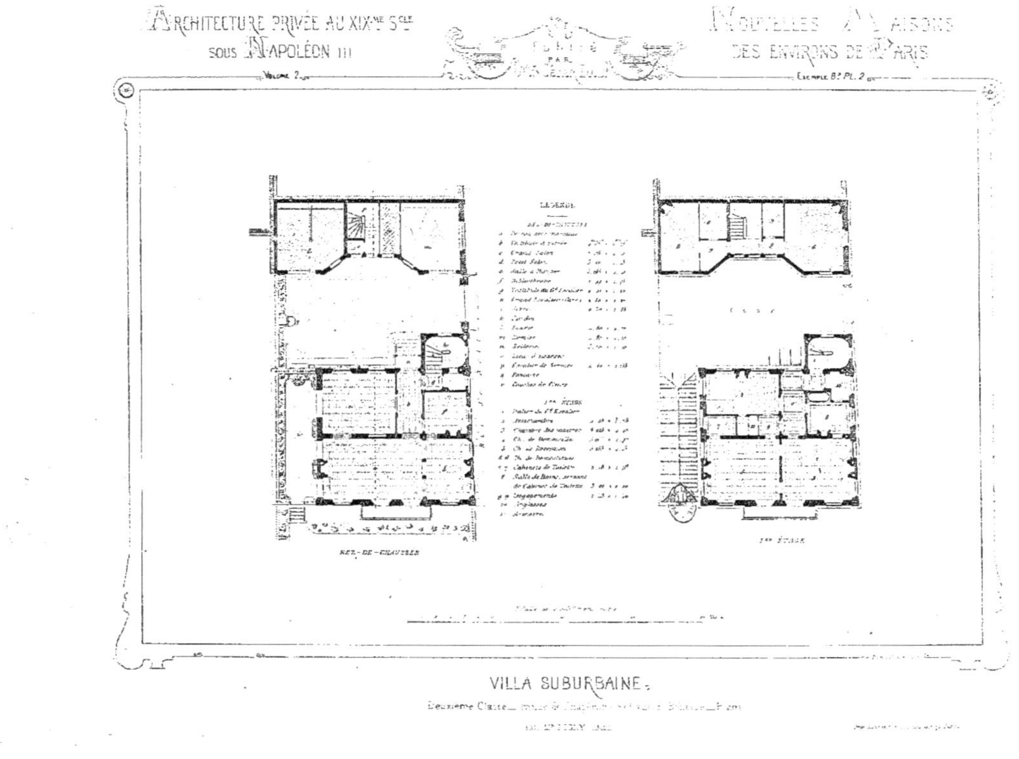
ARCHITECTURE PRIVÉE AU XIX.ME S.CLE
SOUS NAPOLÉON III
Volume 2
NOUVELLES MAISONS
DES ENVIRONS DE PARIS
Exemple 83 Pl. 2
LÉGENDE
REZ-DE-CHAUSSÉE
1er ÉTAGE
VILLA SUBURBAINE.

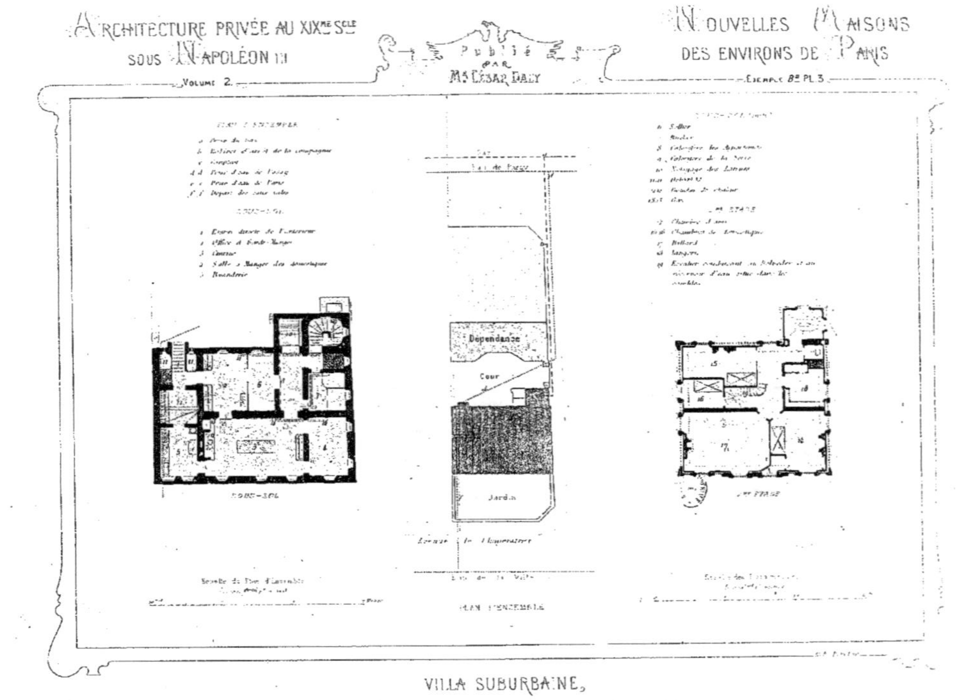

Architecture privée au XIXme Sle
sous Napoléon III
Volume 2.
Publié par Mr César Daly
Nouvelles Maisons
des environs de Paris
Exemple 8e Pl. 3
Dependance
Cour
Jardin
Sous-sol
Plan d'ensemble
1er Etage
Villa suburbaine,
Deuxième Classe

VILLA SUBURBAINE

Deuxième Classe — Détail de la Façade

Volume 2

L'Architecture privée au XIXe siècle sous Napoléon III

Volume 2. — Exemple 8e Pl. 6.

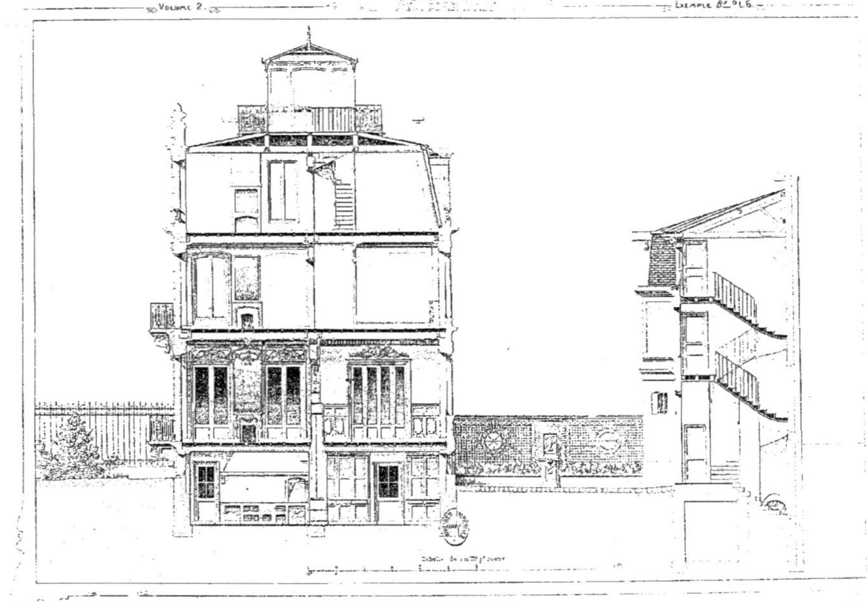

VILLA SUBURBAINE

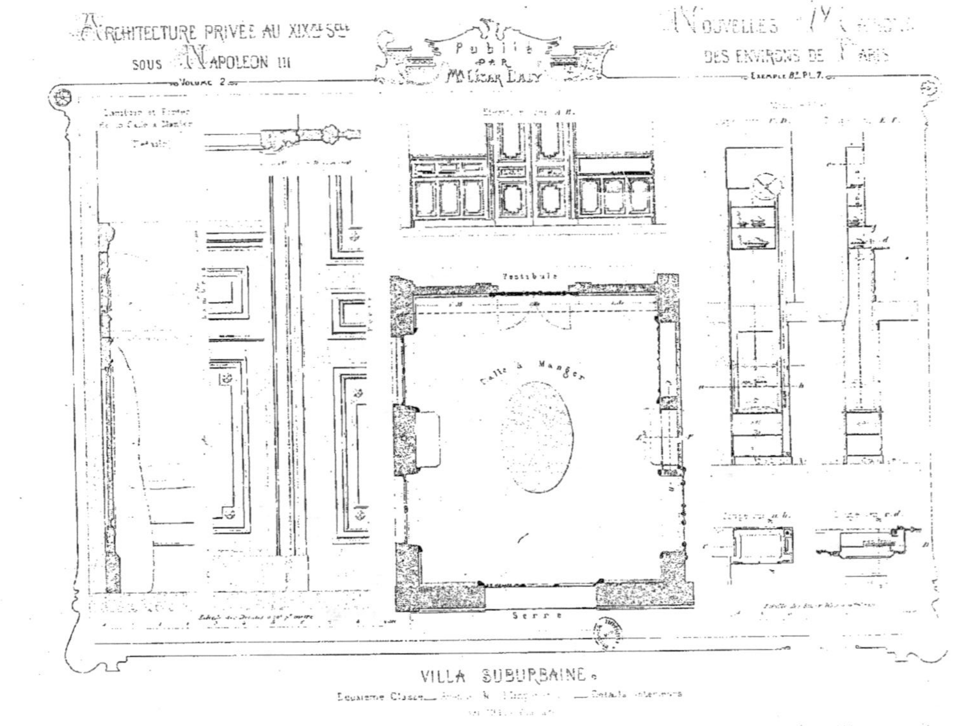

VILLA SUBURBAINE.

Deuxième Classe. — Détails intérieurs

Architecture privée au XIXme Siècle
sous Napoléon III

Volume 2

Exemple C2 Pl. 1

Villa suburbaine

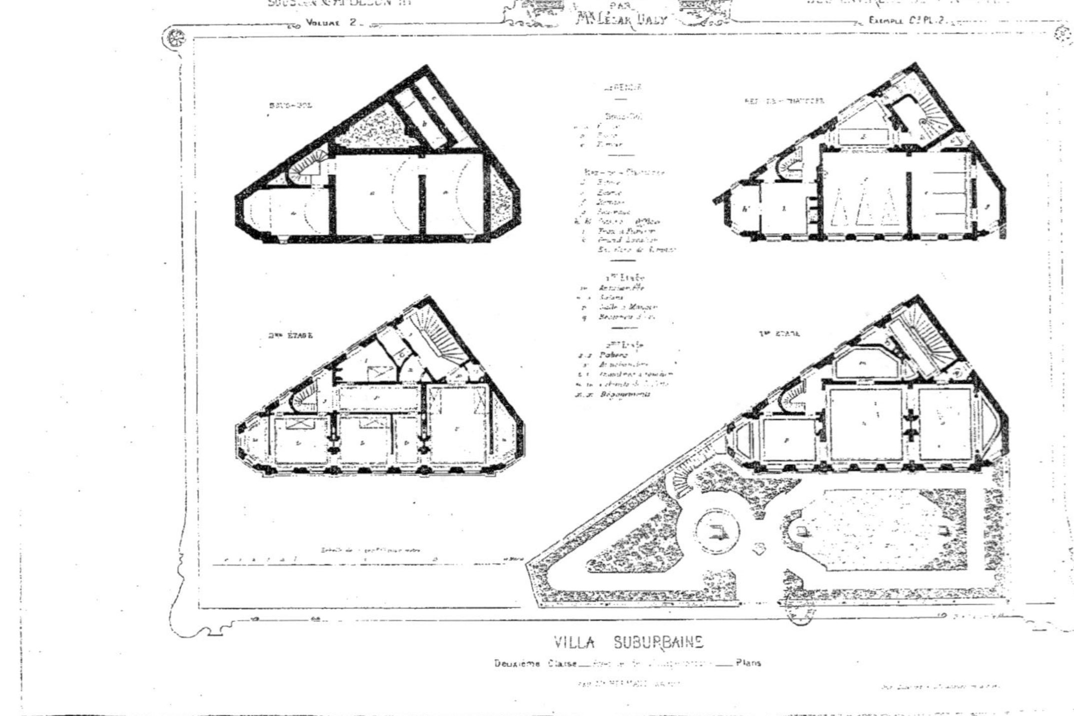
SOUS NAPOLÉON III
VOLUME 2
PAR
Mr CÉSAR DALY
DES ENVIRONS DE
SOUS-SOL
2me ÉTAGE
1er ÉTAGE
Salons
Salle à Manger
Bibliothèque
Dégagements
VILLA SUBURBAINE
Deuxième Classe
Plans

VILLA SUBURBAINE

Deuxième Classe — [illegible] — Détails de la Façade

par Mr. [illegible] architecte

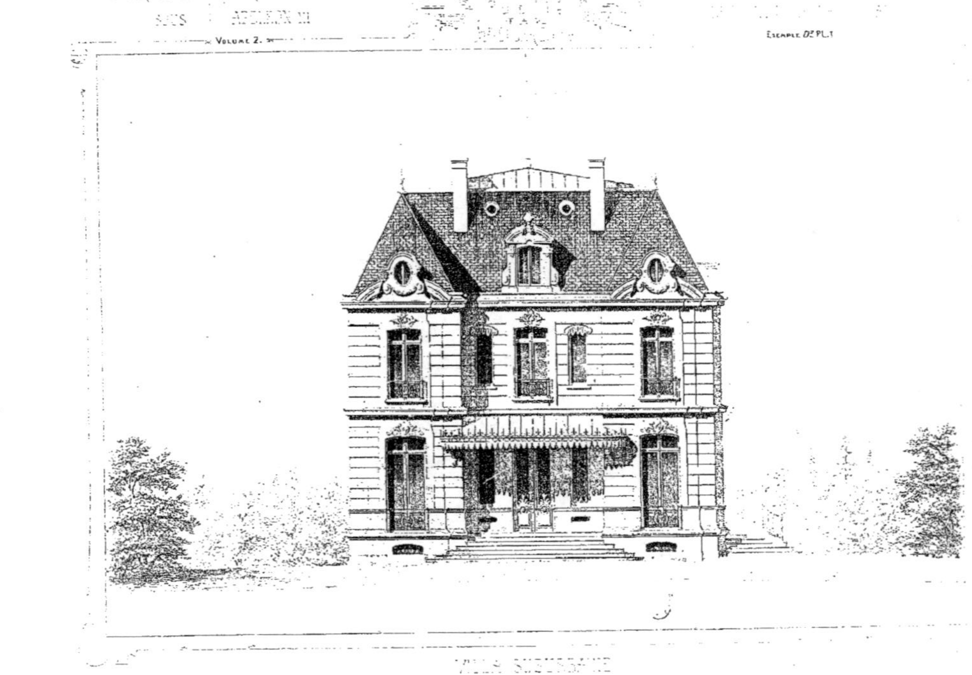
Volume 2.
Exemple D2 PL. 1

Propriétés particulières.

Propriétés particulières

Propriétés particulières

VILLA SUBURBAINE

Deuxième Classe. _ Boulevard d'Argenson à Neuilly. _ Plans.

ARCHITECTURE PRIVÉE AU XIXME SCLE
SOUS NAPOLÉON III
VOLUME 2

Publié par Mr César Daly

NOUVELLES MAISONS
DES ENVIRONS DE PARIS
EXEMPLE 0½. PL. 3.

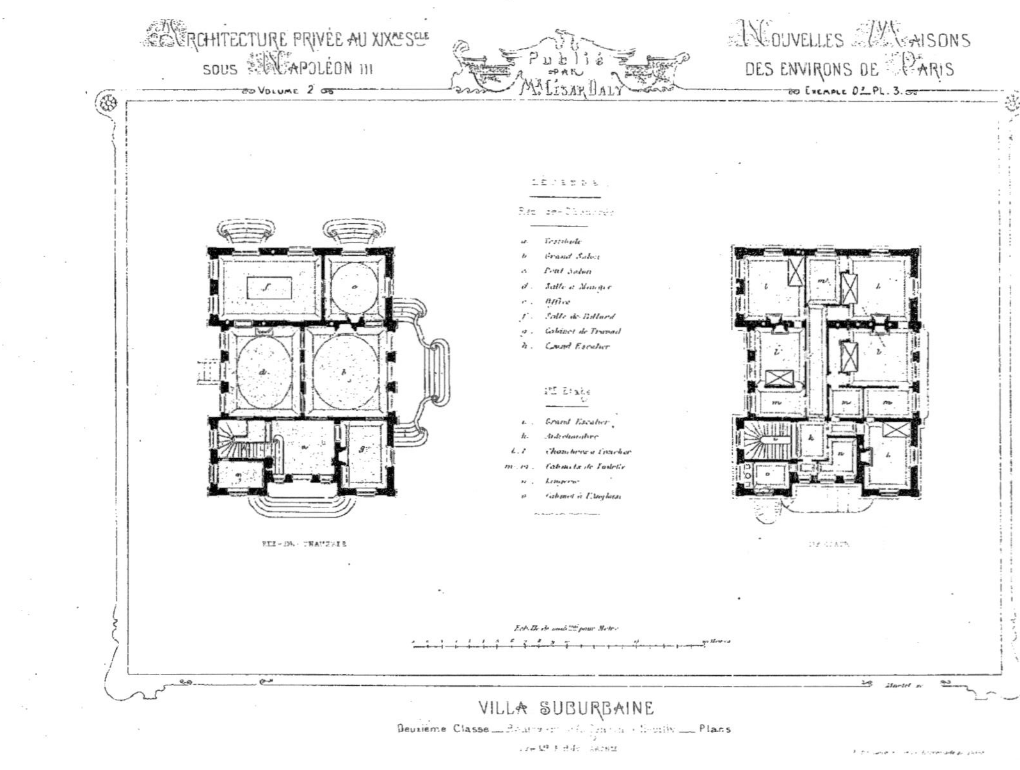

VILLA SUBURBAINE

Deuxième Classe — … — Plans

VILLA SUBURBAINE

Deuxième Classe . [illegible] à Neuilly . Détails de la façade sur le Boult

Volume 2. | Exemple D. Pl. 5.

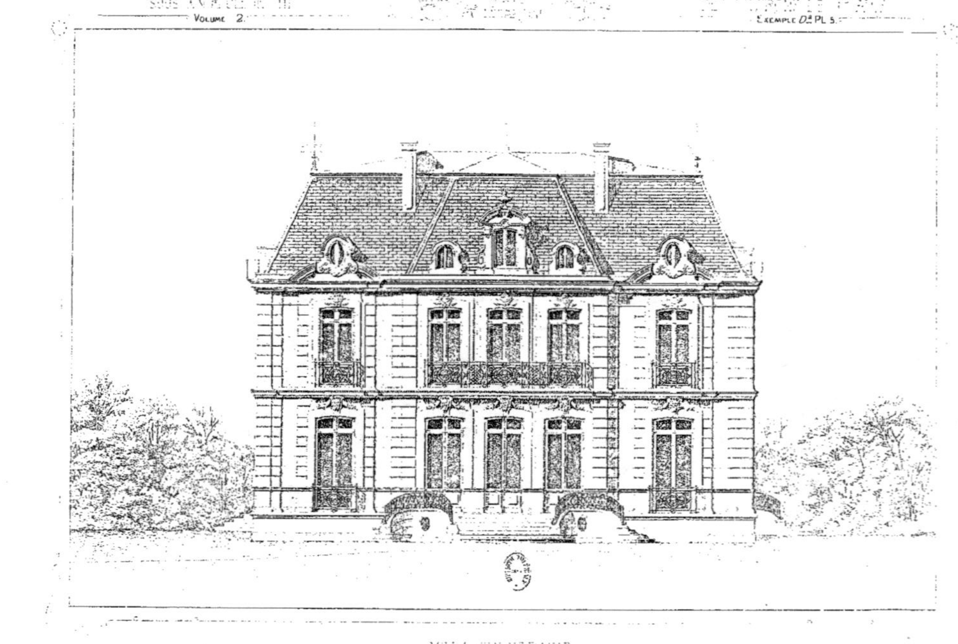

VILLA SUBURBAINE

VILLA SUBURBAINE

Deuxième Classe … Coupe Générale

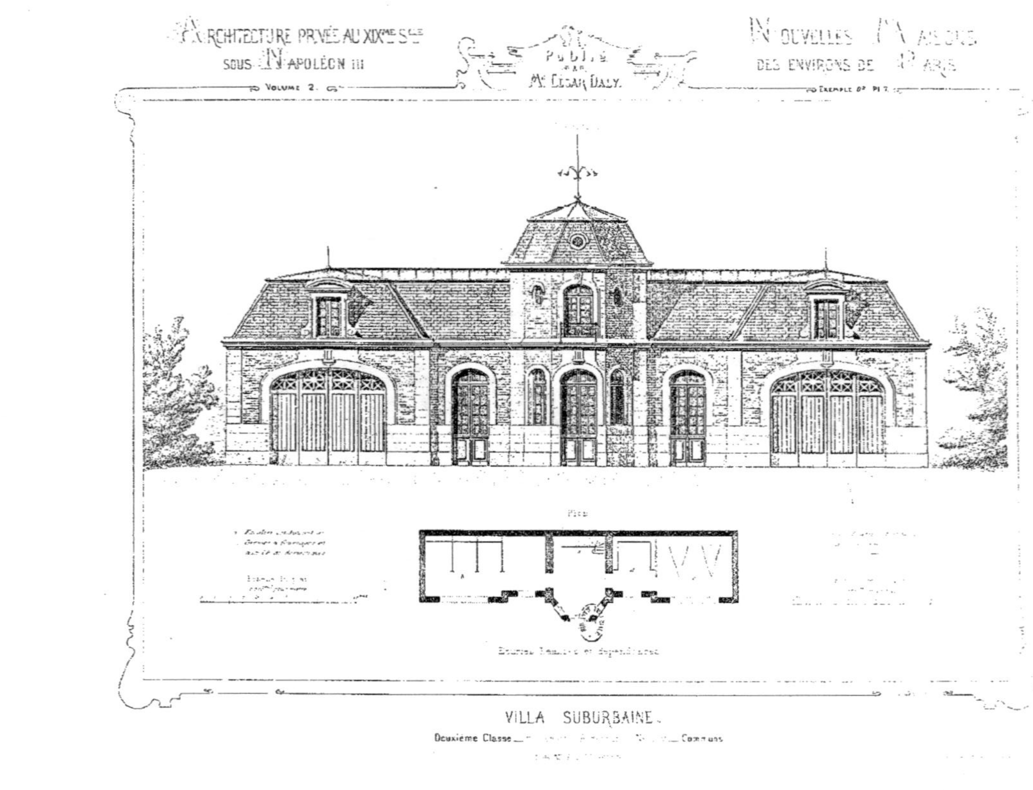

Architecture privée au XIXme Siècle
sous Napoléon III
Volume 2.
Publié par Mr César Daly.
Nouvelles Maisons
des environs de Paris
Plan
VILLA SUBURBAINE.
Deuxième Classe

VILLA SUBURBAINE

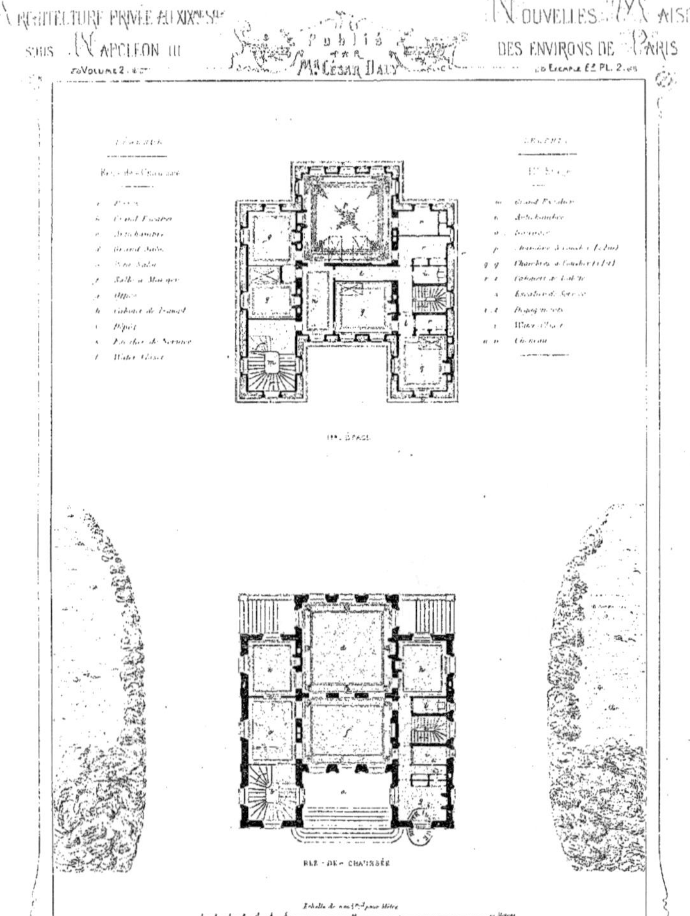

VILLA SUBURBAINE

Deuxième Classe — à Villepinte (Seine et Oise) — Plans

PAR Mr RIGLE ARCHte

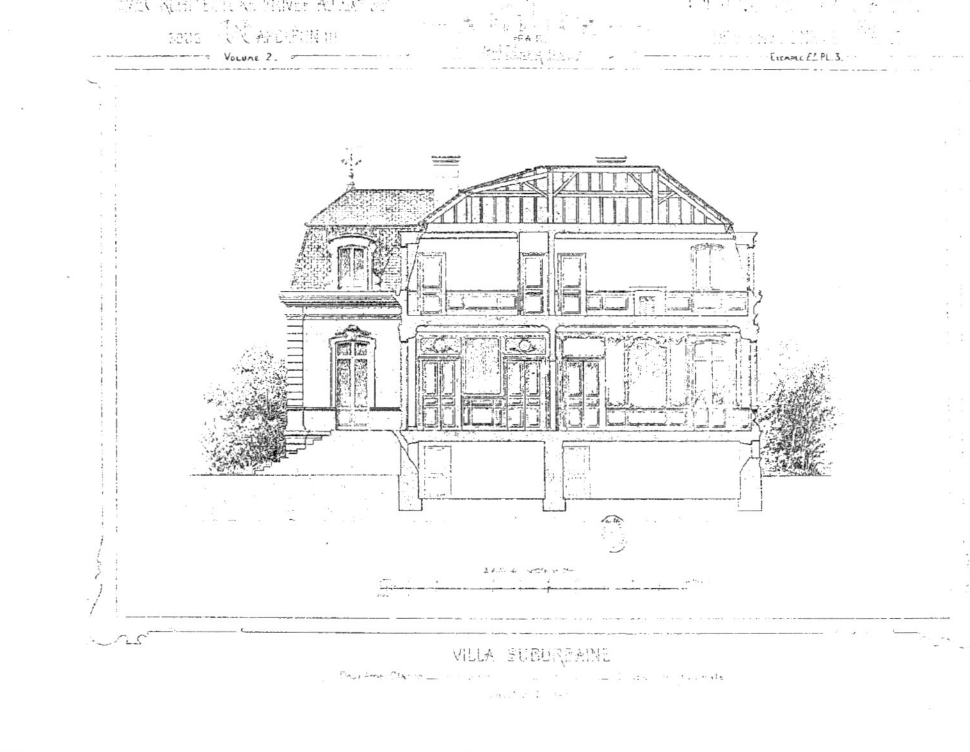
Volume 2.
VILLA SUBURBAINE

sous Napoléon III — Volume 2

Exemple Pl. 1

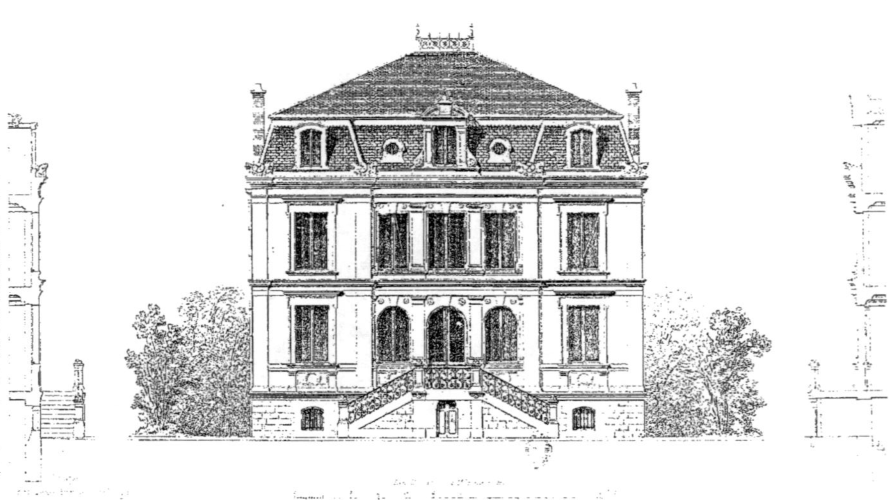

VILLA SUBURBAINE

Deuxième Classe — Élévation principale

Publié par Mr César Daly

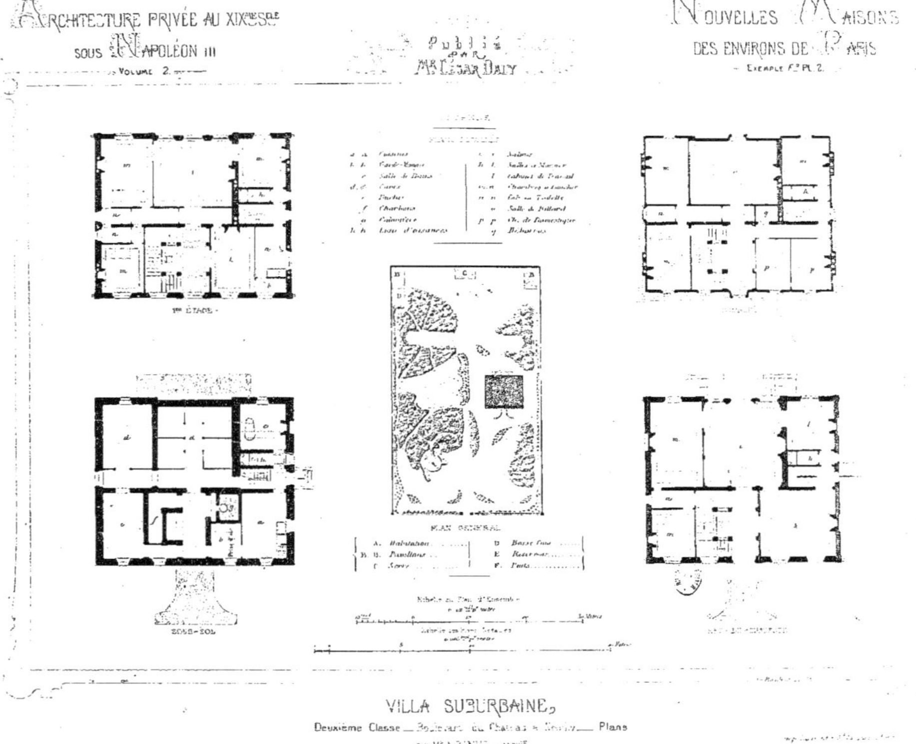

VILLA SUBURBAINE,

Deuxième Classe — Boulevard du Château à Neuilly — Plans

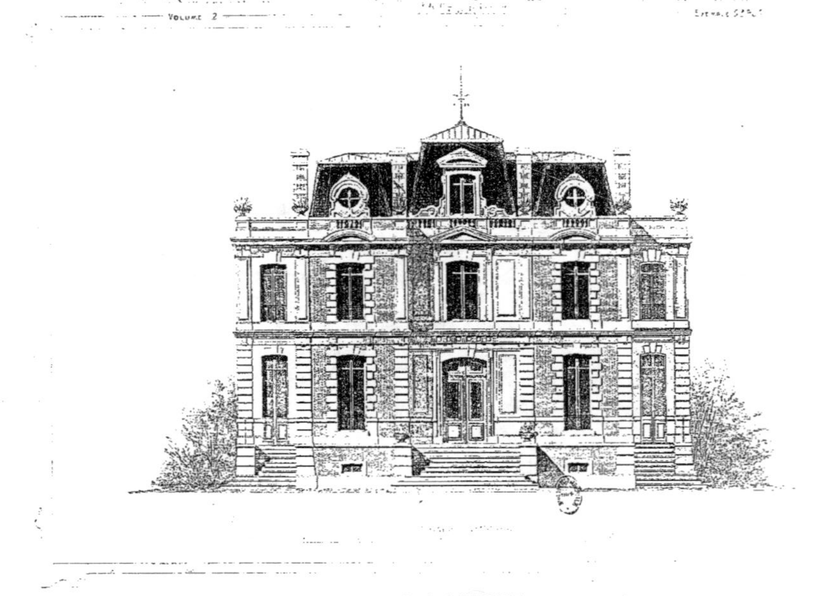

ARCHITECTURE PRIVÉE AU XIXᵉ SIÈCLE
SOUS NAPOLÉON III
Volume 2

Echelle ... Pl. 2

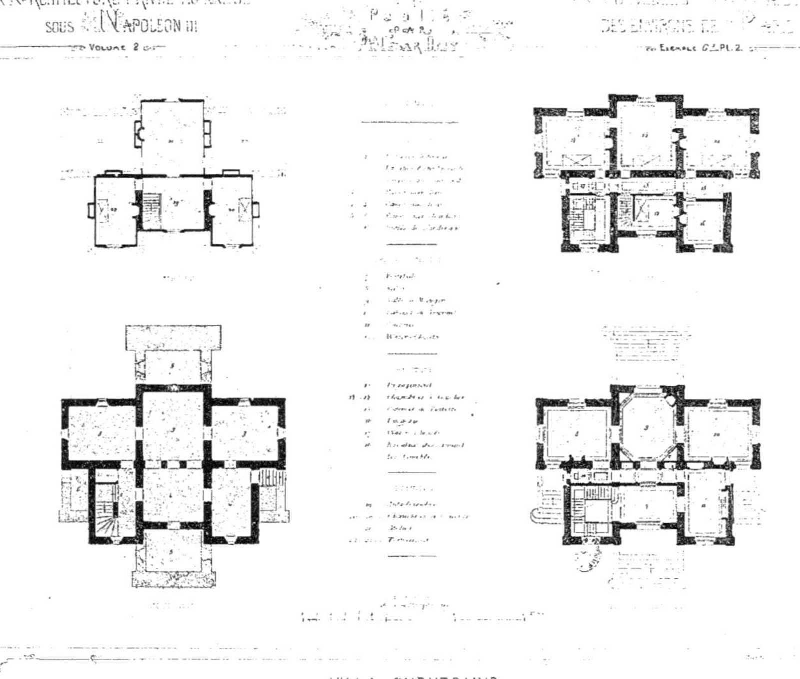

VILLA SUBURBAINE

Deuxième Classe ___ Plans.

ARCHITECTURE PRIVÉE AU XIXe Sle SOUS NAPOLÉON III

par M. César Daly

Volume 2.

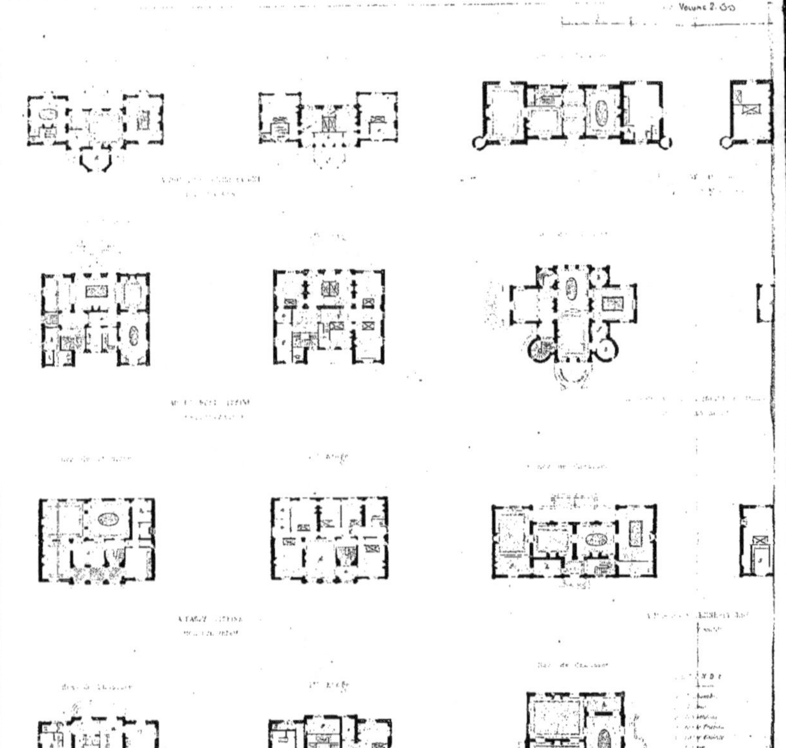

VILLAS SUBURBAIN

Deuxième Classe. — Parallèle de

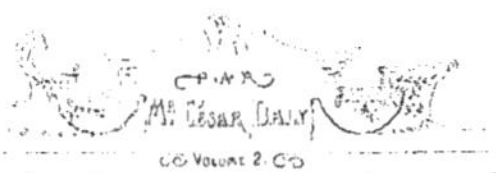

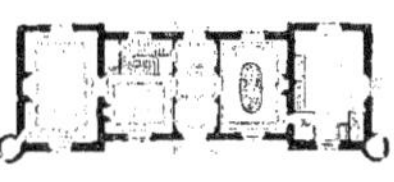

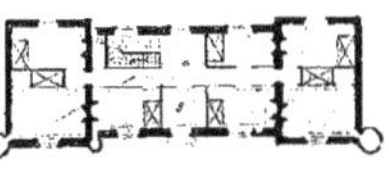

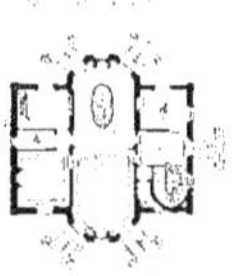

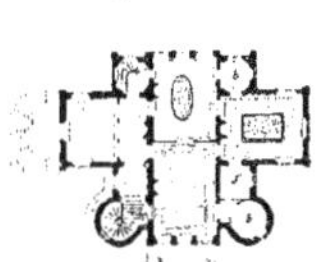

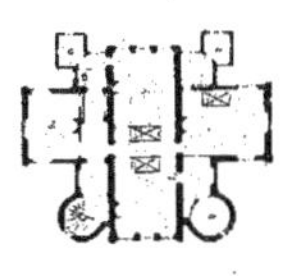

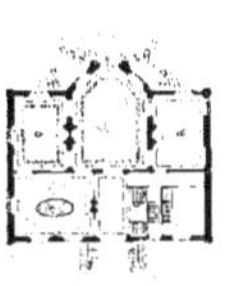

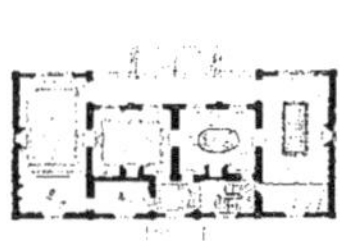

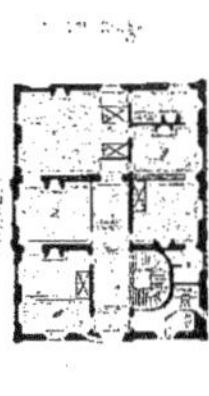

VILLAS SUBURBAINES

Deuxième Classe — Parallèle de Plans

Nouvelles Maisons des environs de Paris

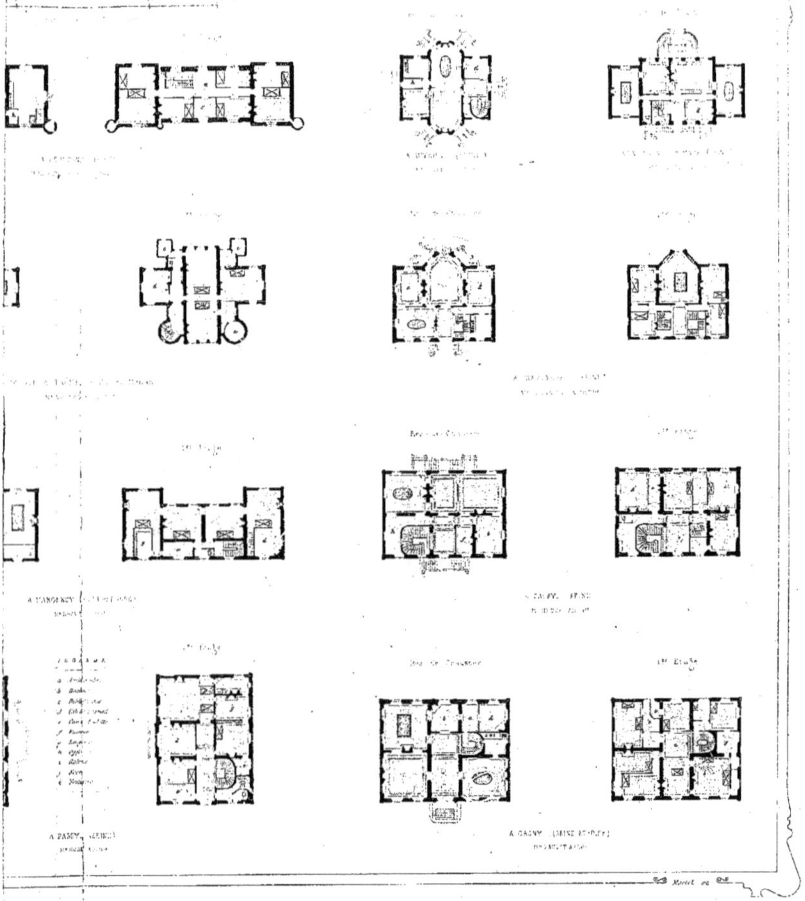

A Passy

ILLAS SUBURBAINES

xième Classe — Parallèle de Plans

Vue générale

Rue de la Pompe

Villa suburbaine.

Troisième Classe — Square Montespan — Rue de la Pompe à Passy — Plans et Elévations.

VILLA SUBURBAINE

Troisième Classe... Plans et Élévation

L'Architecture privée au XIXme S^cle sous Napoléon III — Volume 2.

Publié par Mr César Daly

Nouvelles Maisons des environs de Paris — Exemple 4e. Pl. 3.

VILLA SUBURBAINE

Troisième Classe — Élévations

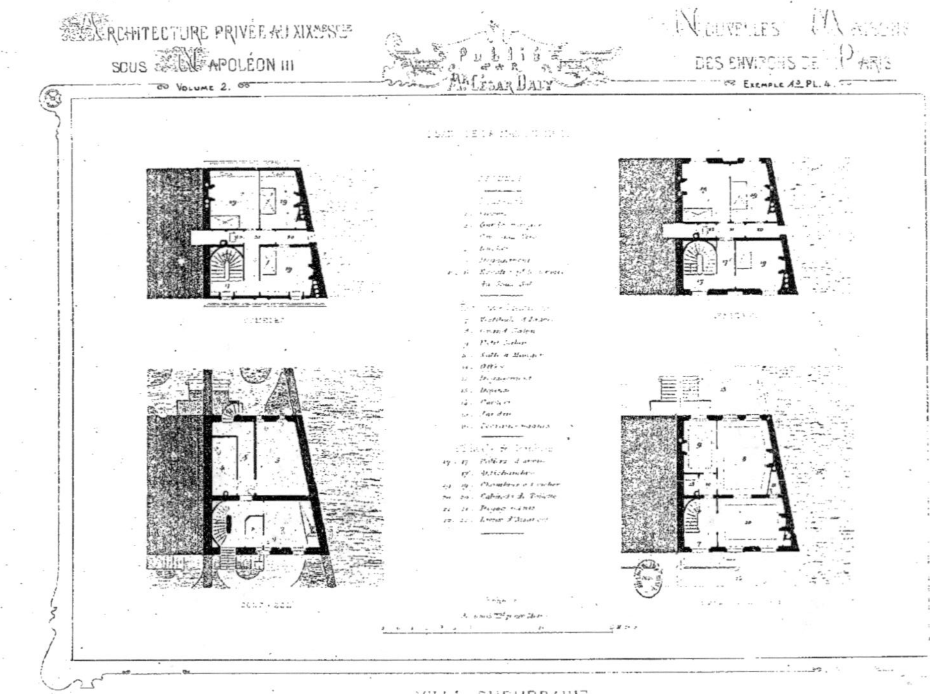

VILLA SUBURBAINE

Plans

VILLA SUBURBAINE

Troisième Classe ... Détails

VOLUME 2

Publié par Mr César Daly

NOUVELLES MAISONS DES ENVIRONS DE PARIS

EXEMPLE 8e PL. 1

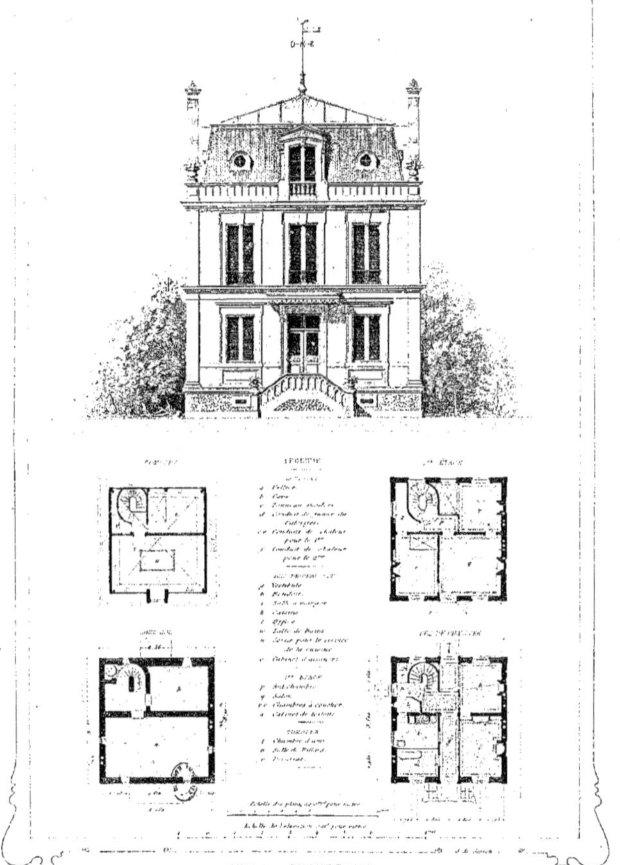

VILLA SUBURBAINE

Troisième Classe ... à la Varenne ... Plans et Élévation

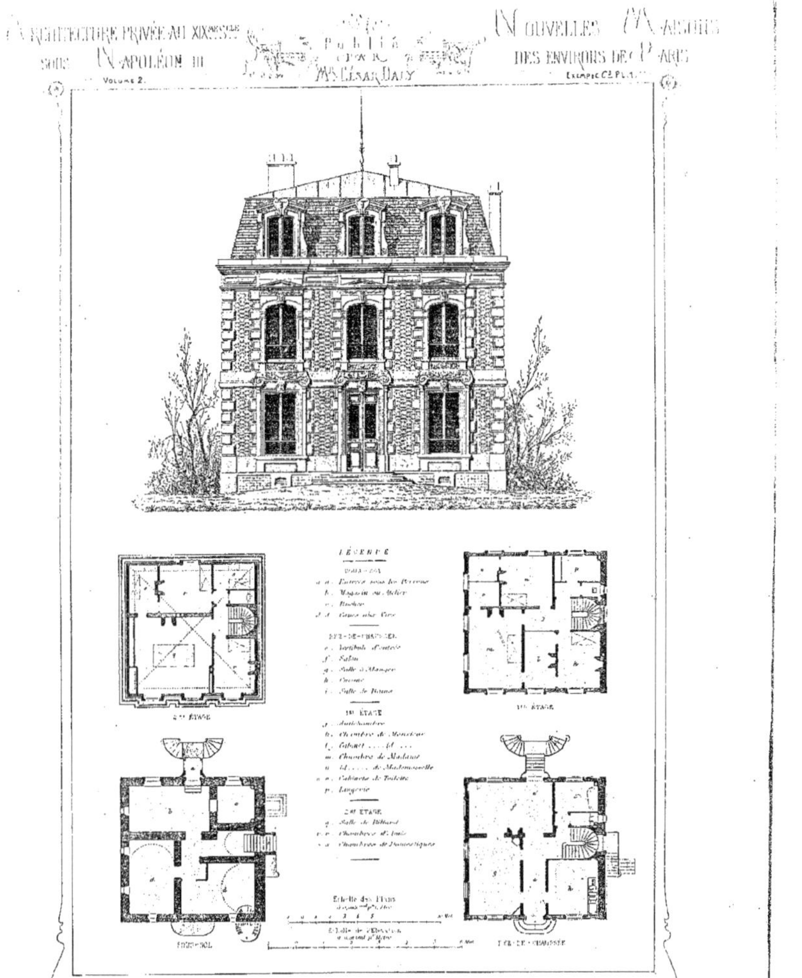

VILLA SUBURBAINE

Troisième Classe _ Rue de la Pompe, à Passy _ Plans et Élévation

PAR Mr HAQUETTE ARCHte

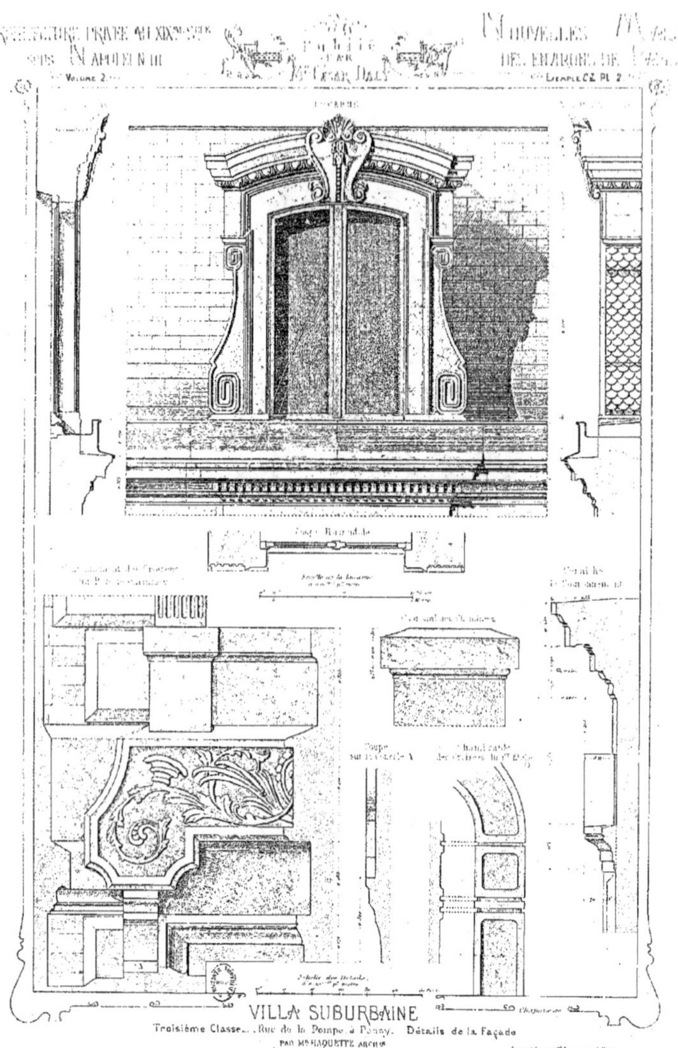

VILLA SUBURBAINE

Troisième Classe. Rue de la Pompe à Passy. Détails de la Façade

PAR Mr HAQUETTE ARCHte

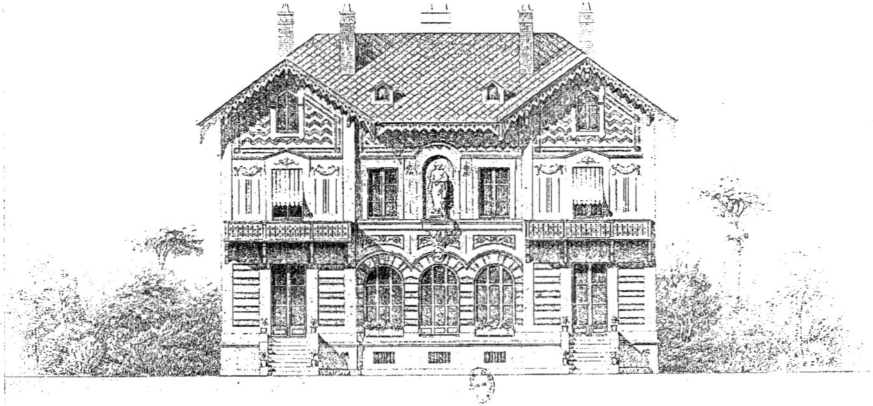

L'ARCHITECTURE PRIVÉE AU XIXᵉ SIÈCLE SOUS NAPOLÉON III — Volume 2.

Publié par Mr César Daly

NOUVELLES MAISONS DES ENVIRONS DE PARIS — Exemple D. Pl. 2.

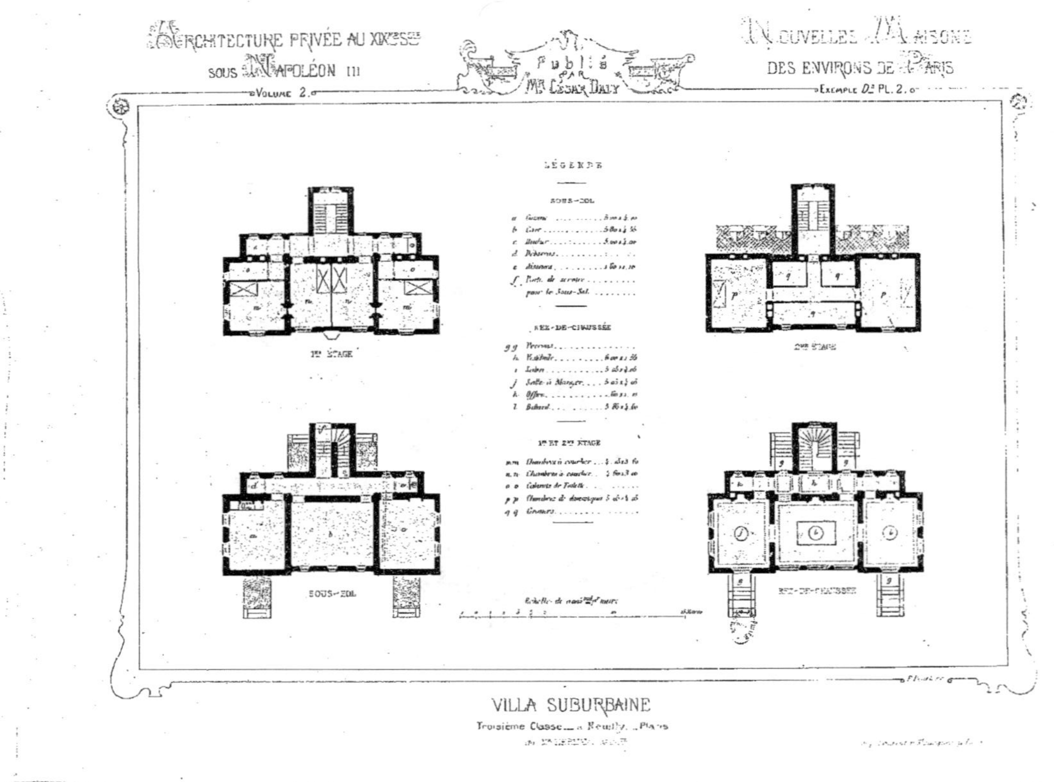

VILLA SUBURBAINE

Troisième Classe — à Neuilly — Plans

VILLA SUBURBAINE

ARCHITECTURE PRIVÉE AU XIXme Scle — SOUS NAPOLÉON III

A AUTEUIL (SEINE)

A PASSY (SEINE)

AU VÉSINET (SEINE-ET-OISE)

A BOULOGNE (SEINE)

A CHAMPERRET (SEINE)

A PASSY (SEINE)

A AUTEUIL (SEINE)

LÉGENDE

a. Antichambre
b. Cabinet de Travail
c. Bibliothèque
d. Serre
e. Galerie
f. Cabinet
g. Lingerie
h. Office

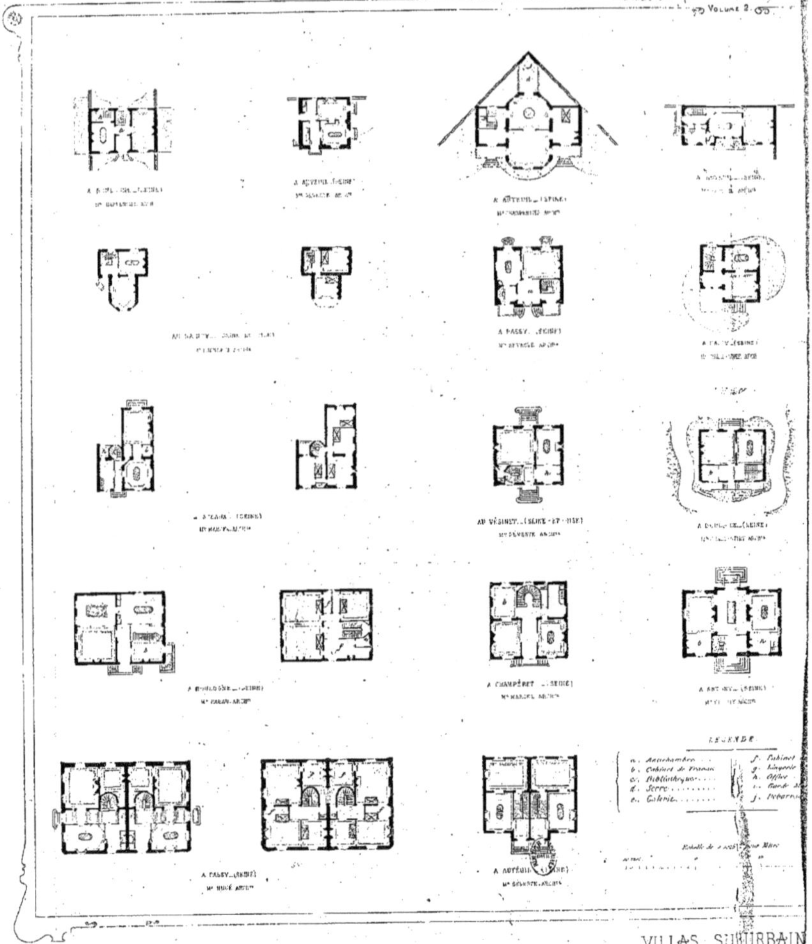

VILLAS SUBURBAIN

Troisième Classe — Parallèle

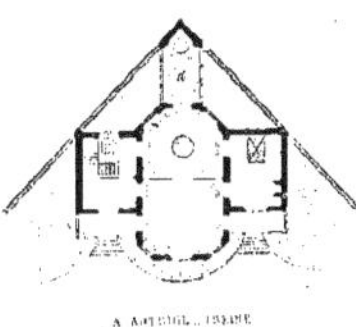

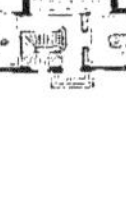
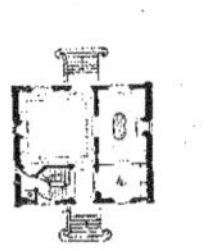
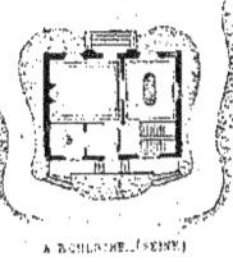
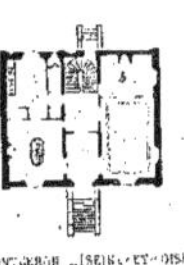

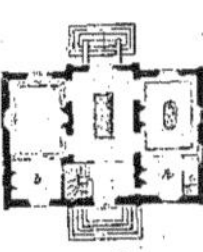

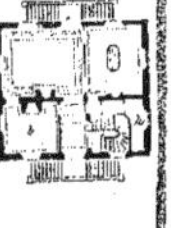

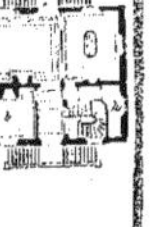

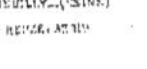
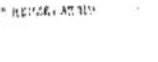

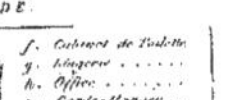
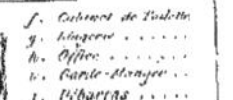
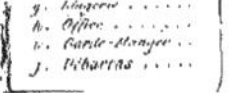
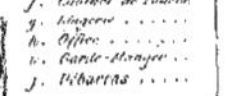
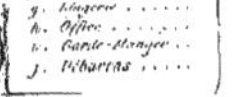
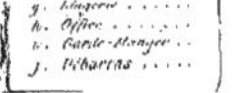
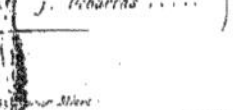
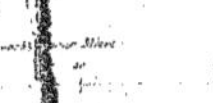

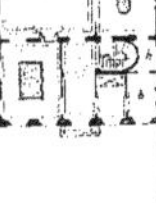
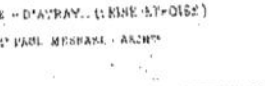

A AUTEUIL (SEINE)

A AUTEUIL (SEINE)

A AUTEUIL (SEINE)

A AUTEUIL (SEINE)

A PASSY (SEINE)

A PASSY (SEINE)

A BILLANCOURT (SEINE)

AU VESINET (SEINE-ET-OISE)

A BOULOGNE (SEINE)

A MONTGERON (SEINE-ET-OISE)

A CHAMPERET (SEINE)

A ANTONY (SEINE)

A NEUILLY (SEINE)

LÉGENDE.

a. Antichambre.
b. Cabinet de Travail.
c. Bibliothèque.
d. Serre.
e. Galerie.
f. Cabinet de Toilette.
g. Lingerie.
h. Office.
i. Garde-Manger.
j. Bûcher.

Échelle de 0 m 005 pour Mètre.

A AUTEUIL (SEINE)

A VILLE-D'AVRAY (SEINE-ET-OISE)

MR PAUL MESNARD ARCH^TE

VILLAS SUBURBAINES

Troisième Classe — Parallèle de Plans.

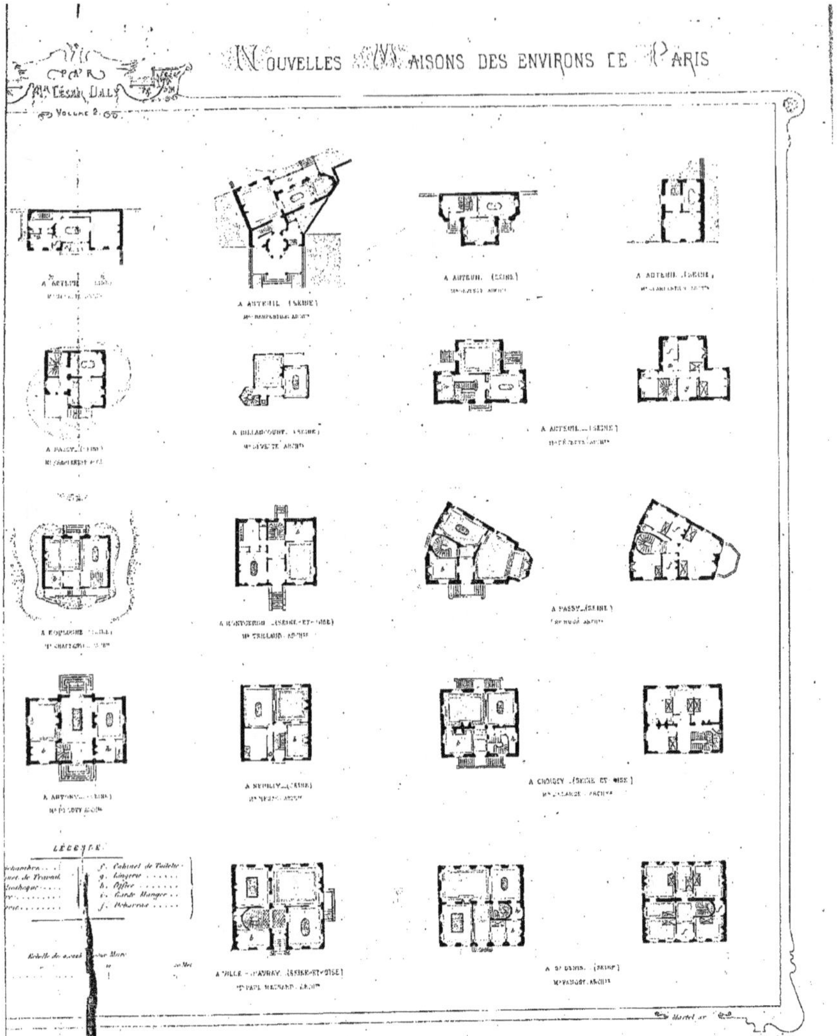

P^R
MR César Daly
Volume 2.

Nouvelles Maisons des Environs de Paris

A Auteuil (Seine)

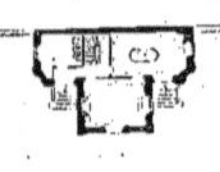

A Auteuil. (Seine)

A Auteuil (Seine)

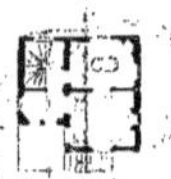

A Passy (Seine)

A Billancourt. (Seine)

A Auteuil (Seine)

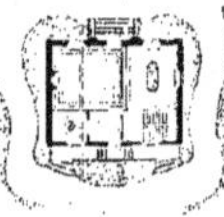

A Montgeron (Seine-et-Oise)

Mr Trilland Arch^te

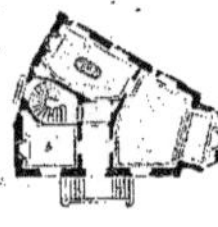

A Passy (Seine)

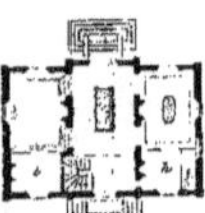

A Antony (Seine)

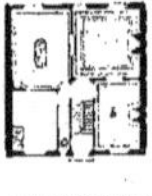

A Neuilly (Seine)

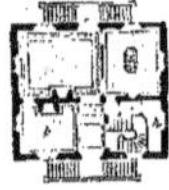

A Choisy (Seine et Oise)

Légende.

...chambre ...	f. Cabinet de Toilette
...net de Travail	g. Lingerie
...othèque ...	h. Office
...	i. Garde Manger
...	j. Débarras

Échelle de ... Mètres

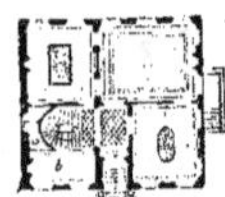

A Ville-d'Avray (Seine-et-Oise)

Mr Paul Ménard Arch^te

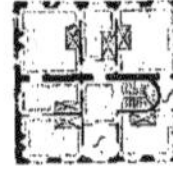

A St Denis. (Seine)

Martel sc.

...llas Su...rbaines

...ème Classe ... ...rallèle de Plans.

www.ingramcontent.com/pod-product-compliance
Lightning Source LLC
LaVergne TN
LVHW050541100826
845148LV00002B/644

* 9 7 8 2 0 1 2 6 7 6 6 0 2 *